Dietrich Woessner

Rosen-
krankheiten

Erkennen und Behandeln von
Wachstumsstörungen,
Krankheiten und Schädlingen

Dritte, ergänzte Auflage
152 Farbfotos

E.U.
VERLAG
EUGEN
ULMER

Einbandfoto ('White Wings') von Richard Huber
Foto auf Seite 136 links von Helmut Steinhauer
Fotos auf den Seiten 129 und 154 von Franz Furrer
Foto auf Seite 147 von Fred Barbier
Alle übrigen Farbfotos von Rolf Wessendorf

CIP-Kurztitelaufnahme der Deutschen Bibliothek

Woessner, Dietrich
Rosenkrankheiten : Erkennen u. Behandeln von Wachstumsstörungen, Krankheiten u. Schädlingen.
3., erg. Aufl. – Stuttgart : Ulmer, 1987.
Frühere Aufl. u. d. T.: Woessner, Dietrich : Probleme mit Rosen.
ISBN 3-8001-6351-9

Wollgrasweg 41, 7000 Stuttgart 70 (Hohenheim)
Printed in Germany
Reproduktionen: M. Giezendanner, Regensdorf
Umschlaggestaltung: Alfred Krugmann, Stuttgart
Satz: Voralpendruck Sulzberg Klaus Kratz, Sulzberg/Allgäu
Druck: Passavia AG, Passau

Vorwort

Diese Arbeit ist im Laufe vieler Jahre, durch Erfahrungen und Beobachtungen aus der Praxis der Rosenpflege und -forschung, herangewachsen und nun den neuesten Erkenntnissen angepaßt.
Da die Pflanzenschutzmittel einem laufenden Wechsel unterworfen sind, ist auf eine Aufnahme solcher in den Text dieses Buches verzichtet worden.
Danken möchte ich den vielen Rosenfreunden, die mir bei der Beschaffung von mit Krankheiten, Schädlingen und physiologischen Schädigungen behaftetem Material behilflich waren, ebenso den wissenschaftlichen Mitarbeitern der Firma Dr. R. Maag AG, Dielsdorf, sowie der Eidg. Forschungsanstalt, Wädenswil. Dem Fotografen, Herrn Rolf Wessendorf, Schaffhausen, gebührt Dank dafür, daß er zu jeder Zeit bereit war, die plötzlich aufgetretenen Erscheinungen auf Film zu bannen, um so diese Dokumentation zu ermöglichen. Herrn Willi Günthart verdanke ich es, daß diese Arbeit zustande kam. Dieses großzügige Entgegenkommen weiß ich ganz besonders zu schätzen.
Mein Wunsch, so hoffe ich, gehe damit in Erfüllung, daß mit dieser Arbeit allen, die sich mit Rosen beschäftigen, eine Hilfe in die Hand gegeben wird, um noch mehr Erfolg und Freude mit den Rosen haben zu dürfen.

Neuhausen am Rheinfall, 1987 Dietrich Woessner

Inhaltsverzeichnis

Zum Geleit

Gelehrte Bücher über Rosen besitzen wir einige. Sie informieren uns über Fragen der Chromosome, des Genus, der Kreuzung; kurz, sie führen uns ein in die innere, geheimnisvolle Welt der Rose, von der botanischen Wissenschaft her. Wer sie lesen kann, wird glücklich dabei.
Schöne Bücher über Rosen aber sind zahllos. Sie besingen immer neu die Schönheit an sich. Sie nehmen Dichter zu Hilfe, Maler, Bildhauer und Tänzer. Denn die Rose ist eines der unvergänglichen Symbole von weltweitem Klang, der Ruhm der Rose ist groß.
Aber unserem Rosengärtner helfen alle diese Werke wenig. Er kämpft im Rosengarten gegen Mehltau, gegen die rote Spinne, Sternrußtau, Thrips und derlei tausend Feinde. Er kennt vielleicht die wichtigsten Grundregeln des Rosengärtnerns, mehr nicht. Kommt Not an den Mann – genauer gesagt an die Rosen – dann sucht er Rat bei einem anderen Rosengärtner, der vielleicht noch weniger weiß, geheimnisvolle Wundermittel anpreist oder ihn in großer Redlichkeit weiterschickt zu einem, der es, vielleicht, weiß.
Dietrich Woessner, der schweizerische Rosenvater, weiß es sicher. Ein Leben lang hat er mit wachem Verstand und gesunder Kombinatorik die Rose studiert. Dietrich Woessner sieht gewiß auch die Poesie der Rose. Aber fast täglich bringt ihm die Post Pakete. Darin liegen Rosen, zumeist krank zum Erbarmen, mit ausgefallenen Krankheitsbildern und absurden oder bohrenden Fragen.
Es ist heute Mode vom »Underground« zu sprechen, vom Morbiden, Abwegigen, Verkrümmten und Verkümmerten. Viele finden das lustig. Nun ist also Dietrich Woessner auch in den Underground hinabgestiegen. Und jetzt finden wir Rosenfreunde das lustig. Genau so wie die Undergroundler die abartige Seite des menschlichen Wesens entdeckt haben, neu entdeckt haben, nach Sigmund Freud, so formuliert jetzt unser Rosenvater die kranke Seite der Rose erneut.
Hier ist mit keinem Wort die Rede von versponnener Poesie. Hier ist von der Krankheitsgeschichte der Rose die Rede. Es beginnt mit klinischer Genauigkeit bei der Diagnose. Wesen und Werden unserer Gartenrose werden einleitend dargestellt. Das Werk von Dietrich Woessner, das den Ursachen von Wachstumsstörungen bei unseren Gartenrosen nachgeht, ist aber mehr als ein medizinisches Handbuch der Diagnostik und der Pathologie des Genus Rosa, es erörtert auch die Heilmittel und die vorbeugenden Schutzmittel.
Kurz, Dietrich Woessner's »Rosenkrankheiten« ist die Bilanz eines großen Praktikers, das Fazit ungeheurer Erfahrung und weitschauender Maßnahmen. Die reiche Bebilderung wird jedermann schnelle Hilfe bringen. Und gerade das hat uns gefehlt. Selbst der erfahrene Rosengärtner wird sich bei der Lektüre dabei ertappen, daß er da und dort falsch interpretiert hat. Die Folge waren schiefe Maßnahmen und damit wei-

tere Schäden. Mancher Rosenenthusiast hat seinen Zeitvertreib angesichts von Mißerfolgen wieder aufgegeben, die sich unweigerlich einstellen. Dietrich Woessner's weises Werk ist das Fazit eines lebenslangen Umganges mit der Rose und dem unbändigen Willen zu helfen.
Aus der ganzen Flut der Rosenliteratur kenne ich kein Werk – abgesehen von einigen in englischer Sprache – das so eingehend die Probleme mit Rosen darstellt. Zwar hat es Dietrich Woessner schon andeutungsweise getan in seinem Buch der Rosen, das bei Huber in Frauenfeld 1967 in vierter Auflage erschien.
Dieses kleine Werk hier aber will den Dingen auf den Grund gehen, auf den Untergrund, auf den Hintergrund. Gesunde Rosen bedeuten für uns kein Problem. Aber wie steht das Verhältnis gesunder Rosen zu den kranken? Ein alter medizinischer Satz heißt: Natura curat, medicus sanat (Die Natur kuriert, der Arzt heilt). Der Satz enthält feine Nuancen. Hier der Arzt, Dietrich Woessner, ein Naturkundiger, der zu heilen vermag. Bisher nannte jedermann unseren Dietrich Woessner den schweizerischen Rosenvater, jetzt aber hat er an der Universität des Lebens promoviert und wird fortan als Rosenarzt praktizieren.
Das heißt, das hat er schon längst getan. Jetzt aber sind wir ihm neu für diese kluge Arbeit von ganzem Herzen dankbar. Underground-Literatur im besten Sinn des Wortes!

Schloß Heidegg
zur Zeit der schönsten Rosenblüte 1972

Gottfried Boesch
Präsident der Gesellschaft
Schweizerischer Rosenfreunde

Von der Rose

Der Mensch wurde seit jeher auf seinem Lebensweg von der Rose begleitet, dies beweist uns die umfangreiche und weitausholende Geschichte über die Rose.
Immer wieder fragt man sich, warum es gerade die Rose war, von der sich der Mensch so angezogen fühlte. Durch alle Zeitepochen hindurch zeigt es sich, daß die Rose im Leben des Menschen eine große Rolle gespielt hat.
Was vermag uns denn eigentlich an ihr so zu faszinieren? Wir ahnen es; es war und bleibt der ganz eigenartige Zauber, der die »Rosenblüte« umgibt.
Die Rose strömt ein Fluidum aus, wie es keine andere Blume vermag, nicht einmal die vielgepriesene Lilie und die Orchidee. Sie hat eben etwas ganz besonderes an sich, sie weist eine Entwicklung auf, die derjenigen des Menschen vergleichbar ist.
Dies wird uns vor allem bei den gefülltblühenden Rosen so richtig bewußt.
Vom sich Öffnen bis zum Vollerblühen einer Rose erleben wir eine Zeit, da wir sehen und fühlen können, was leben heißt. Diese verschiedenen Stadien, welche uns im Erblühen einer Rose vorgezeigt werden, lassen uns tief in das Wunder des Lebens hineinblicken. In diesem Blumenleben erkennen wir auch das Unsrige. Wir können den Gang des Lebens erfassen, das Werden, Blühen und Vergehen. – Hier liegt der tiefste Grund der Zuneigung zur Rose. Nachdenklich betrachten wir die vollerblühte Rose und entdecken die Ähnlichkeit des Ablaufes mit unserem Leben. Spüren wir bei diesem Anblick nicht zugleich auch den großen Wert unseres Lebens und stellen wir dabei nicht fest, wie schön dieses Leben überhaupt sein kann und welche Werte es enthält, wenn wir es von Grund auf hochhalten und wenn wir es von seiner einfachsten Erscheinungsform bis in sein hohes ethisches Wesen hinein erkennen!
Die Rose tut dies in vollkommener Schönheit und Würde. Betrachten wir nur einmal eine samtrote Rose ›Charles Mallerin‹, ›Papa Meilland‹, die nebst dem erfreuenden Anblick noch einen verschwenderischen Duft ausströmen: hier stehen wir voller Ehrfurcht davor. Und dabei wird uns deutlich bewußt, was Rosen für uns Menschen überhaupt sind und was sie uns bedeuten.
Dieses, dem unsrigen vergleichbare, Leben ist die Ursache der seit so langer Zeit bestehenden Tradition der Rose. Sie hat uns von jeher Bewunderung abgerungen, unser Verständnis für die Rose ist groß und unvergänglich. Denn jeder Mensch, gleichgültig welche Stellung er einnimmt, welcher Nation er angehört und welche Sprache er spricht, jeder hat dies mit andern gemeinsam: die Zuneigung und Liebe zur Rose, und zwar vom stachelbewehrten Rosenstock bis zur sich öffnenden oder vollerblühten Rose. Ist es deshalb nicht verständlich, daß Menschen sich so zur Rose hingezogen fühlen und sie verehren?
Diese stille Begeisterung für die Rose ist es denn auch, was sie so vielfältig in den Gärten der ganzen Welt verbreiten ließ. Sie schmückt Gärten, Hausfassaden, Ein-

gänge und Lauben. Jedes Jahr erfreuen wir uns von neuem an ihrem Blühen. Wir werden durch die Schönheit der Rosen tief beeindruckt von dem, was die Natur zu vollbringen imstande ist. Gerade dieses Erleben des Rosenblühens ist es, was uns dazu bewegt, uns unermüdlich für die Rose und ihre Probleme einzusetzen, im Willen, all diese Schönheit zu verbreiten und im Versuch den Beweis anzutreten, daß es viel bedeutet, Rosen zu hegen und zu pflegen.

Wer einmal einen Rosenstock in seinen Garten gepflanzt und ihn dann in seinen gesamten Entwicklungsphasen bis zum Aufbrechen der ersten Knospe verfolgt hat, der ist sich bewußt geworden, welchen Wert dies für sein Leben haben kann. Denn jede Phase der Entwicklung ist ein Wunder, das erste Aufbrechen der Blattknospen, das vollständige Auswachsen der Blätter, das Bilden von Stacheln. Jede Stufe der Entwicklung birgt etwas ganz besonderes in sich, Formen und Farben verändern sich, in der Jugend sogar derart stark, daß dies allein schon zu einem großen Erlebnis werden kann, aber nur dann, wenn wir auch wirklich zu sehen bereit sind. Es gibt kaum eine verholzte Pflanze, die in ihrer Entwicklung vom Frühling bis Ende Juni, der Zeit des großen Rosenblühens, einen derartigen Wechsel vollzieht und uns jeden Tag immer wieder aufs neue zu begeistern vermag.

Deshalb pflegt der wahre Rosenfreund keine Zwiebelgewächse, Primeln und dergleichen in die Rosenbeete zu pflanzen, damit wirklich die Rosen selbst in all ihren Stadien voll zur Geltung kommen.

Rosen zu verstehen, heißt sie auch mit Liebe zu pflegen und dadurch entsteht die Beziehung zwischen Rosenstock und dem Pflegenden. Ohne eine solche ist ein echter Erfolg kaum möglich. Der Dank der Rosenpflanze wird nie ausbleiben. Er besteht im gesunden und reichblühenden Rosenstock. Deshalb lautet unsere Devise: »Rosen in unsere Gärten, alte und neue«. Mit ihnen verschaffen wir dem Garten eine Atmosphäre des Charmes und der Vornehmheit, in welcher wir uns wohlfühlen, denn alle Spektralfarben widerspiegeln in den Rosengärten, in welchen wir uns die Vielgestaltigkeit des Sortenreichtums zu Nutze machen. Sie erfreuen uns mit ihrer Lieblichkeit und sind fortwährend eine wertvolle Begegnung, die wir mit blühenden Rosen haben, welche aus dunkelgrünen, gesundem Blattwerk herausschauen.

Einführung

Die in der Natur vorkommenden Pflanzen haben sich im Laufe der Jahrtausende den Verhältnissen ihrer Standorte angepaßt, so daß ihre Entfaltung und Erhaltung gesichert ist.
Allerdings ist manchmal der Zustand der Pflanzen in der freien Natur nicht so, wie sich dies ein Gärtner oder Gartenbesitzer wünschen würde, sondern oft leiden sie an Nährstoff- oder Wassermangel. Auch können sie von Krankheiten oder Schädlingen befallen sein oder von Nachbarpflanzen bedrängt werden. Dies stört aber kaum jemanden, da es uns in der freien Natur selbstverständlich und in bester Ordnung zu sein scheint. Ganz anders sind die Ansprüche, die wir an das Aussehen und den Wuchs jener Pflanzen stellen, welche wir in den Gärten halten.
Der Mensch ist durch die Zivilisation im allgemeinen viel anspruchsvoller geworden, auch in bezug auf seine Pflanzen. Diese sollen schöner, größer und gesünder aussehen und seinen Garten zieren. Es ist aber nicht so einfach, dies möglich zu machen, denn dazu müssen Grundvoraussetzungen für das Wachstum wie Boden, Nährstoffe, Wasser, Standort, Entwicklungsraum und schließlich die Möglichkeit der Pflege im voraus erfüllt und gesichert sein. Ist dies nicht möglich, dann werden die Verhältnisse kaum anders sein, als wie wir sie bei den in der Natur vorkommenden Pflanzen erwähnten. So ist es auch um unsere Gartenrosen bestellt. Obwohl wir aus Erfahrung wissen, daß die Rosen zu den dankbarsten Gartenpflanzen gehören, sind, um mit ihnen einen vollen Erfolg zu haben, eine ganze Kette von Problemen zu berücksichtigen, denen unbedingt Rechnung zu tragen ist.
Je verschiedenartigere Rosen wir in den Gärten halten und je mehr Rosenklassen und Sorten wir darin aufnehmen, um so mehr Probleme werden an uns herantreten, die zu beheben uns oft Mühe bereiten. Die Probleme, welche die Pflanzenentwicklung hemmen, können sehr mannigfach und verschiedenartig sein. Maßnahmen gegen die vielerlei Ursachen und Symptome können nur dann erfolgreich ergriffen werden, wenn wir uns darüber aufs genaueste orientieren können. Es ist unzulässig, versuchsweise etwas dagegen zu unternehmen, ohne die Ursachen zu kennen. Jede Maßnahme muß gezielt eingesetzt werden, wenn wir nicht das Risiko eingehen wollen, daß uns einzelne Rosenstöcke oder ganze Beete absterben.
Es ist nicht richtig, anzunehmen, daß die vielen Symptome, die wir bei den Rosen antreffen, größtenteils neu sind. Der Grund, warum wir dies meinen, liegt an den höheren Anforderungen, die wir an die Qualität und das Aussehen der Rosenpflanzen im allgemeinen stellen. Wir ertragen keine Halbheiten mehr. Gewiß werden wir Situationen antreffen, die wir zum ersten Mal in den Rosengärten feststellen, bei welchen aber die Ursache meistens in von uns begangenen Fehlern liegt, die etwa in der Wahl des Standortes oder in der Vorbereitung des Kulturbodens. Auch allein auf Reklame statt auf die

jeweilige Gegebenheit hin ausgesuchter Dünger kann zu verhängnisvollen Situationen führen.
Maßnahmen gegen irgendeinen negativen Zustand in Rosenbeständen können nur dann ergriffen werden, wenn wir die Ursache wirklich kennen und über das Wesen einer Rosenpflanze aufs genaueste orientiert sind.
Das Erkennen ist nicht immer leicht, da viele Symptome einander derart ähnlich sehen, daß man oft leicht annimmt, es handle sich um dasjenige, welches man schon kennt und deshalb zu einer falschen Maßnahme greift. Dies kann zu ganz gefährlichen Ausgängen führen, die meistens mit dem vollständigen Eingehen der Rosen enden. Solche Mißgriffe können vermieden werden, wenn man eine wirklich zutreffende Diagnose zu stellen versucht. Hierzu sollen die nachfolgenden Bilder und Texte als sicherer Führer durch sämtliche Gebiete der Probleme mit Rosen dienen. Aufgrund dessen kann jede notwendige und zuverlässige Maßnahme rasch eingeleitet werden. Ist der für die Rosenpflege Verantwortliche bemüht, die jeweiligen Ursachen möglichst früh zu ermitteln, dann kann rechtzeitig die entsprechende Pflege oder Schutzmaßnahme eingeleitet und dadurch schwerwiegenden Schäden vorgebeugt werden. Seien wir uns immer bewußt, daß Pflanzen Lebewesen sind und deshalb auch als solche behandelt sein wollen. Nie darf man achtlos an nicht in voller Gesundheit befindlichen Rosenpflanzen oder gar ganzen Beständen vorbeigehen. Denn wie leicht kann sich in ganz kurzer Zeit dieser Zustand derart verschlimmern, daß er nicht mehr behoben werden kann. Deshalb müssen wir unmittelbar nach Wahrnehmung des veränderten Zustandes den Grund festzustellen suchen, welcher dazu geführt hat, um unverzüglich zur Behebung und eventuell bei Nachbarpflanzen zur Vorbeugung schreiten zu können. Je früher wir dies tun, um so sicherer ist der Erfolg der von uns eingeleiteten Maßnahmen.
Für alle, welche Rosen-Neupflanzungen vornehmen und für die Gesunderhaltung durch das Pflegen die Verantwortung tragen, kann es jeweils zum größten und dankbarsten Erlebnis werden, wenn kränkelnde Rosen durch die richtige Maßnahme wieder zu vollständig gesunden und blühwilligen Pflanzen werden. Es ist ja kaum bei einer Pflanze von so großer Wichtigkeit wie bei der Rose, daß sich das Blattwerk in vollster Schönheit und Gesundheit präsentiert, wenn ihr Adel und die Schönheit voll zur Geltung kommen soll.
Wer zögert, bei kranken Pflanzen sofort etwas zu unternehmen, begeht einen groben Fehler, der kaum wieder gut gemacht werden kann; und ein solches Versäumnis ist für jemand, der die Rosen liebt, unwürdig.

Anatomie und Physiologie der Rose

Die Rose gehört in die Familie der Rosaceae. Die Gattung Rosa umfaßt viele Arten, sie ist sehr formenreich, da die Neigung zur Bastardisierung sehr groß ist. Die verschiedenen Autoren geben unterschiedliche Zahlen an, von 176 bis einigen Hundert. Die Rose ist in den gemäßigten und wärmeren Gebieten der nördlichen Halbkugel verbreitet.
Jede Art ist in vielen Sorten aufgeteilt, bei den Rosen dürften es weit über 30000 sein. In den Gärten werden die Rosen in verschiedenen Formen verwendet, als Busch-, Stamm-, Hänge- (Trauerrose), Kletter- und Strauchrose. In die letzte Gruppe sind auch die Wildrosen eingereiht.
Um bei Rosen in der Zucht, Vermehrung und Kultur richtig vorgehen zu können, braucht es wissenschaftliche und praktische Grundlagenkenntnisse über den Aufbau (Anatomie) und die Lebensvorgänge (Physiologie) der Rose. Nur dann können die verschiedenen Abläufe beim Wachstum und eventuelle abnorme Erscheinungen verstanden werden.

Aufbau der Rosenpflanze (Anatomie)

Die Rose besteht aus folgenden vegetativen Hauptorganen, der Wurzel, dem Stengel (Achse), den Blättern und Blüten, den eigentlichen Fortpflanzungsorganen.

Veredlung

Die meisten der in Kultur befindlichen Rosen sind veredelt. Eine Veredlung der Rosen besitzt den Vorteil, die Verbreitung der Rosenneuheiten wesentlich zu begünstigen und zudem erhalten die von Natur aus eher schwachwüchsigen Sorten einen kräftigeren und widerstandsfähigeren Wuchs.
Hierfür wird eine sogenannte Veredlungsunterlage verwendet, welche meistens für diesen Zweck speziell kultiviert wird. Hierzu werden verschiedene Rosenarten aus Samen herangezogen, wie zum Beispiel Rosa canina (Hundsrose), nebst zahlreichen Formen. Rosa multiflora sowie einige ihrer Formen, Rosa eglanteria (Weinrose), Rosa coriifolia *'Froebelii'* (R. laxa) und andere.
Die häufigste Veredlungsart bei der Rose ist die Okulation. Diese Arbeit wird in der Zeit von Juli bis Anfang September ausgeführt. Darunter versteht man, daß bei den ausgepflanzten Unterlagen ein Auge von der zur Vermehrung bestimmten Edelsorte in den an der Unterlage erstellten T-Schnitt eingeschoben und verbunden wird. Nur noch selten wird an einer Unterlage mehr als 1 Auge eingesetzt.

Okulation auf Wurzelhals

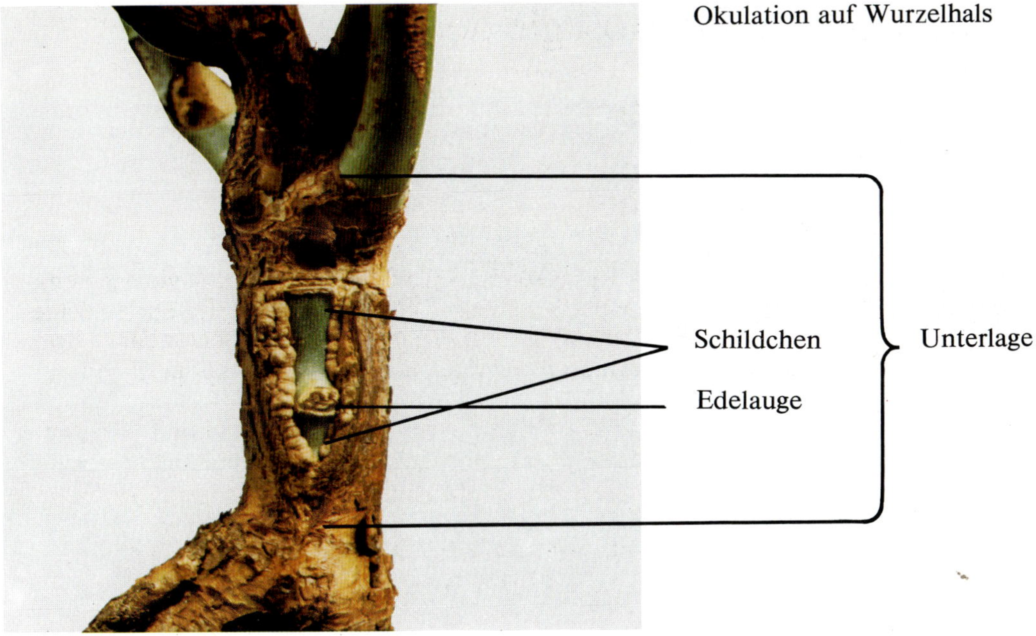

Die Okulation wird bei den Busch-, Strauch- und Kletterrosen am Wurzelhals vorgenommen, bei den Stammrosen dagegen in verschiedener Höhe (50–160 cm).
Im Frühjahr nach der Veredlung werden die Teile der Unterlagspflanze, welche über der Veredlungsstelle stehen, weggeschnitten.
Die Veredlung muß als der empfindlichste Teil der Rose angesehen werden, weshalb beim Pflanzen die Veredlungsstelle 5 cm unter der Erdoberfläche zu stehen hat.
Bei den Stammrosen wird die Veredlungsstelle in exponierter Lage über Winter durch Niederlegen der Stämmchen mit Erde überdeckt. Wurzelechte Rosen, wie zum Beispiel einzelne Strauchrosen, vermehren sich durch Ausläufer, andere Rosen wieder können durch Stecklinge vermehrt werden, hier ist keine Veredlung notwendig, sie benötigen auch keine besondere Rücksichtnahme bei der Überwinterung.

Wurzel

Bei den Rosen entsteht das Wurzelwerk vorwiegend aus den sogenannten Unterlagen. Die Wurzeln bei der Stecklingsvermehrung entstehen an den Knoten des Steckholzes oder sie bilden sich an den Ausläufern der Mutterpflanzen. Die Wurzeln haben die Aufgabe, den Rosenstock in der Erde zu verankern, ihm Halt zu geben, ferner dienen sie der Aufnahme von Wasser und in ihm gelöster Nährstoffe, wie zum Beispiel Stickstoff, Phosphor, Kali, Magnesium usw.
Während der Zeit, da an der jungen Wurzel ein lebhaftes Längenwachstum stattfindet,

Wurzelwachstum

Wurzelhaare
(Saugzone)

Wachstumszone
(Zellteilung und Streckung)

Wurzelhaube
(Schutzzone)

bleiben die vordersten Zentimeter der Wurzel unverzweigt, erst später entstehen Verzweigungen. Dieser Verzweigungsrhythmus vollzieht sich immer nach dem Längenwachstum. Neben den feinen Seitenwurzeln bilden sich die Langwurzeln, die wir bei den Rosen auch als »Strähnenwurzeln« bezeichnen. Sie sind es, die für eine den Bodenverhältnissen entsprechende Ausbreitung des Wurzelsystems sorgen. Sie erschließen die Wasserquelle und dienen der Zuleitung der Nährstoffe.
An den verschiedenen Wurzeln entwickeln sich verschiedene Wachstumsregionen, die in Bau und Aufgabe sehr verschieden sind. Der jüngste Teil der Wurzel ist die Wurzelspitze, die eine Länge von 2 bis 7 Millimeter aufweist.
Die Wurzelspitze besteht aus der sogenannten *Schutzzone* (Wurzelhaube), die den dahinterliegenden Wurzelteilen Schutz bietet.
Die *Wachstumszone* (Bildungszone) dient ausschließlich zur Neubildung von Zellen und verlängert somit die Wurzeln. Die *Streckungszone* liegt anschließend in der Spitzenregion. Sie ist sehr kurz, von nur einigen Millimetern, in ihr strecken sich die neugebildeten Zellen. Direkt dahinter liegt die *Saugzone* (Ernährungszone), die mehrere Millimeter lang sein kann und dicht mit Wurzelhaaren, über 100 pro Millimeter, versehen ist, deren Lebensdauer 1 bis 2 Tage beträgt. Unter günstigen Bedingungen werden sie fortlaufend durch neue ersetzt. Sie dient der Aufnahme von Wasser und in ihm gelösten Nährsalzen. Direkt an die Saugzone schließt sich die *Leitzone* an, die von der Saug- oder Absorptionszone bis zur Wurzelansatzstelle führt. Dieser Zone fehlt die Oberhaut mit den Wurzelhaaren, sie kann infolgedessen kein Wasser mit Nährsalzen aufnehmen, sie hat lediglich die aufgenommenen Substanzen in die Wurzel zu leiten.

Beispiele der Verschiedenartigkeit von Rosenstacheln

Sproß (Achse)

Als Sproß werden alle oberirdischen Teile, auch die zur Verholzung neigenden, bezeichnet. Nach dem Auspflanzen im Herbst oder Frühjahr entstehen aus den vorwiegend oben stehenden Knospen junge Triebe, der Sproß, bei den tiefer sitzenden haben wir auch sogenannte schlafende Augen, die als Reserveaugen zu betrachten sind. Die Haupttriebe bilden sich bei den veredelten Rosen aus der Veredlungsstelle, die sich später stark verzweigen, meist durch Rückschnitt beeinflußt. Wir bezeichnen diese Triebe als Jahrestriebe, die sich während des Sommers bilden, sie entwickeln eine größere Zahl Laubblätter. Aus den Blattachseln bilden sich stets junge Triebe, die mit einer Blütenknospe enden. Dadurch, daß wir während des Sommers die verblühten Rosen in der Regel mit zwei Laubblättern entfernen, bleiben die tiefer liegenden Knospen ruhen und stehen als Reserveknospen für den Neuaustrieb des folgenden Jahres zur Verfügung.
Der Blütenertrag bei den Rosen wird ungefähr zu einem Drittel im Vorjahr durch Winterknospen bestimmt, während zwei Drittel im Vegetationsjahr produziert werden. Die unteren Teile der Jahrestriebe müssen jeweils ausreifen können. Das in Bodennähe befindliche Holz nimmt jedes Jahr an Dicke zu.

Stachel eines noch im Wachstum befindlichen Triebes der Rosa omeiensis pteracantha

Stacheln

Die Rosen haben Stacheln, nicht wie allgemein angenommen wird »Dornen«. Unter Dornen verstehen wir Umwandlungen von Sproßachsen, die stehen mit ihnen in Verbindung und sind deshalb ein Bestandteil derselben (Weißdorn). Beim Entfernen eines Dorns wird zugleich auch ein Teil des Sprosses mitgenommen.
Beim Ablösen eines Stachels dagegen wird die Epidermis, auf welcher der Stachel aufsitzt, nicht verletzt, es bleibt nur ein ovaler Ring einer braunen Korkschicht zurück.
Die meisten Rosentriebe, Zweige und oft auch die Unterseite der Blattnerven sowie die Hagebutten, sind von Stacheln besetzt. Es gibt nur wenige Arten und Sorten (Rosa banksiae und andere), die vollständig stachellos sind. Oft sind es extrem kräftige, mittelstarke, feine bis borstige Stacheln. Die Vielgestaltigkeit der Stacheln ist fast so groß wie die Arten.
Der Stachel sitzt auf der Epidermis und mit dem Wachstum entfaltet er sich bis zur vollständigen Reife.
Der Inhalt des Stachels besteht aus stark verdickten, feinporigen, chlorophyllosen Zellen. Die mit Chlorophyll angereicherten Gewebepartien der Triebe, Zweige usw. sind durch einen flachzelligen Gewebeteil vom Stachelgewebe getrennt. So entsteht mit dem Wachstum eine Korkschicht, welche die Stachelbasis seitlich abgrenzt. Am Rande dieser Korkschicht bildet sich bei älteren bestachelten Pflanzenteilen ein Trennungsgewebe.

Rosenblätter mit drei, fünf und sieben „Fiederblättern“, wie diese ganz unregelmäßig an den gleichen Pflanzen anzutreffen sind

Blatt

Nebst den Wurzeln gehören die Blätter zu den wichtigsten Ernährungsorganen der Rosen. Durch sie wird die Kohlensäure (CO_2) aufgenommen und zu organischen Substanzen verarbeitet, sie tragen zur Beförderung des Wasserstromes von den Wurzeln in alle oberirdischen Organe bei. In den ruhenden Knospen sind die Blattanlagen vorgebildet, beim Austrieb entwickeln sich diese und entfalten sich zu arten- und sortentypischen Formen.
Das Blatt wird in Blattgrund, Blattstiel und Blattspreite eingeteilt. Am Blattgrund befinden sich zwei kleine Nebenblättchen, welche verschieden sein können. Die Blätter sitzen auf einer kleinen Wulst am Stengelknoten.
Der *Blattstiel* macht es möglich, daß sich das Blatt bewegen und sich auf diese Weise bei starkem Wind und Unwetter schützen kann. Der Blattstiel dient gleichzeitig als Leitorgan für Wasser und Nährstoffe. Die eigentliche *Blattfläche* (Blattspreite) ist beim Rosenblatt wesentlich komplizierter als beispielsweise bei jenem eines Apfelbaumes. Die Laubblätter stehen wechselständig am Trieb.
Das Rosenblatt besteht aus drei, fünf, sieben, neun, bei asiatischen Arten aus fünfzehn und mehr Blättchen, wobei immer ein Fiederblatt das Rosenblatt vorne abschließt. Interessant ist, daß die Knospen über einem Blatt mit fünf oder drei Fiederblättern am besten ausgebildet sind, deshalb beim Schneiden von Schnittrosen, oder beim Entfernen verblühter Rosen, wenn immer möglich auf diesen Umstand Rücksicht zu nehmen ist.

Beispiel eines Rosenblattes, an welchem die Struktur auf Ober- und Unterseite sichtbar ist

Die Farbe der Blätter kann je nach Rosenart und Sorten sehr verschieden sein. Z.B. tief bronze, hellgrün, rötlich, bläulich usw.
Die *Blattform* weicht unter den vielen Gattungen und Sorten nur unwesentlich voneinander ab, dagegen variieren die Blattränder, die Struktur und Farbe der Blattober- und -unterseite sehr stark. Die Blattnerven sind sehr ausgeprägt und deshalb gut sichtbar.
Die Blattnerven (Blattadern) sind fiederartig angeordnet. Das Netz von Nerven gibt dem Blatt den notwendigen Halt und sorgt einerseits für die Zuleitung von Wasser und Nährstoffen, andererseits für den Rücktransport der Assimilate. Die Nerven tragen auch wesentlich zur allgemeinen Festigung der Blätter bei.
Die kleinen blattartigen *Nebenblätter* sind meist auf beiden Seiten der Blattbasis und am Stiel angewachsen. Bei einzelnen Arten, z.B. der Rosa banksiae, stehen sie frei. Die Form der Nebenblätter ist sehr divergierend. Sie können als wertvolle Hilfe für die Bestimmung von Rosensorten dienen.

Blüte

Unter normalen Verhältnissen tragen etwa 90 Prozent der Triebe als Abschluß eine Blüte oder ganze Blütenbüschel, je nach Artzugehörigkeit. Die eigentliche Rosenblüte ist von 4 bzw. 5 Kelchblättern geschützt, die von sehr verschiedener Form sein können.
Die Blüten unserer Rosen sind zwittrig, das heißt in ein- und derselben Blüte befinden sich weibliche ♀ sowie männliche ♂ Geschlechtsorgane. Bei einer Rosenblüte können 4, 5 bis 100 Blütenblätter (Kronblätter) je Rose vorhanden sein.
Eine Rosenblüte besitzt im Mittel 60 Fruchtblätter, die aus Narbe und Griffel bestehen.
Die Narbe dient zum Auffangen der Pollenkörner (Blütenstaub).
Die Zahl der Staubbeutel beträgt im Mittel 145 je Blüte. Sind diese reif, dann reißen die Staubbeutel und die Pollenkörner werden frei.
Der Formenreichtum der Blüte »Rose« ist enorm. Wenn wir bedenken, daß es über 30000 Rosensorten gibt, wobei der jeweilige Unterschied vorwiegend in der Blüte besteht.
Die Haltbarkeit einer aufgeblühten Rose bis zum Abfallen ist, neben dem Verlauf der Witterung, auch von der jeweiligen Sorteneigenschaft abhängig. Sie kann zwei bis sieben Tage dauern.

Kelchblatt
(Sepala)

Kelchblätter:
Die Gesamtheit der Kelchblätter bilden den Kelch
(Calyx)

Kelchblätter. Die Kelchblätter haben die Aufgabe, die zarten Blütenblätter sowie die Staub- und Fruchtblätter während ihres Wachstums zu schützen. Die Vielfalt von Formen, die wir bei den Rosen an Kelchblättern antreffen, versetzt uns beim Betrachten wahrhaftig ins Staunen. Sie gehören zu einer jeden Rose, wie die Blütenblätter. Nur beide zusammen ergeben die eigentliche Rose. Ein Rosenbeschauer wird bei seinen Rosen im Garten, beim Aufbrechen einer Blütenknospe, kaum die Schönheit der Kelchblätter übersehen können.
Die Zahl der Kelchblätter kann variieren zwischen vier, fünf und sechs. Die Anzahl der Kelchblätter (Sepala) ist eine Sorteneigenschaft, kann sich aber auch aus reinem Zufall ergeben.

Lebensvorgänge (Physiologie)

Der Austrieb. Nach dem längeren Ruhezustand der Winterperiode schwellen die Knospen im Frühjahr und treiben aus.

Der Austrieb erfolgt aus den im Spätsommer gereiften, über Winter unverletzt gebliebenen Knospen (Winterknospen). Der wachsende Trieb wird durch die eingelagerte Stärke (Reservestoffe) ernährt, bis die Blätter allein für den Nährstoffverbrauch aufkommen können, was je nach Witterung längere Zeit beansprucht. Austrieb und Beginn der Blütezeit sind weitgehend temperaturabhängig. Untersuchungen haben gezeigt, daß für den Austrieb Temperaturen um 12 °C und für die Einleitung der Blütenbildung mindestens 18 °C als anzusehen sind. Das Aufblühen einer einfachen Rose, nach dem Aufbrechen der Kelchblätter, dauert 3 Tage, dasjenige einer gefülltblühenden 5 Tage (bei einer Temperatur zwischen 18 und 25 °C).

Die Haltbarkeit einer aufgeblühten Rose ist vom Verlauf der Witterung und der jeweiligen Sorteneigenschaft abhängig.

Ein vollkommenes Erblühen erfolgt in den Mittagsstunden.
Die Bestäubung geschieht bei den Rosen vorwiegend durch Insekten (Bienen), indem die Pollenkörner auf die Narbe gelangen und dort auf der unebenen, klebrigen Oberfläche festgehalten werden.
Die Befruchtung ist dann vollzogen, wenn der Pollenschlauch der auf der Narbe eines der ausgekeimten Pollenkörner durch den Griffel in die weibliche Samenanlage hinuntergewachsen ist und sich der eine der beiden männlichen Geschlechtskerne mit der Eizelle vereinigt hat. Daraus entsteht später der Keimling. Der andere Kern verschmilzt mit dem sekundären Embryokern, woraus sich dann das Nährgewebe für den Keimling bildet. Das Produkt dieser Befruchtung sind die Samenkörner; der Fruchtknoten bildet sich zur Hagebutte.
Der hormonale Anreiz zu diesem Wachstum wird bei der Befruchtung ausgelöst.
Vom Moment der Befruchtung bis zur Reife der Hagebutten (Rosenfrüchte), verändert sich deren chemische Zusammensetzung fortlaufend. Mit Beginn der Reife (Farbigwerden) nimmt die Säure der Fruchtschale ab und der Zucker zu. Die Menge, Größe und Gesundheit der Blätter sowie die Temperatur bestimmen den Abschluß des Reifeprozesses.
Eine Hagebutte enthält, je nach Größe und Artenzugehörigkeit, etwa 12, 45 und mehr Samen. Die Form der Samen ist vielgestaltig! Auch die Größe variiert stark. Vor allem zwischen den Wild- und Kulturformen.

Nährstoffaufnahme aus der Luft

Unter dem Ausdruck »Assimilation« versteht man allgemein den Umbau von artfremden Nährstoffen zu arteigenen Nährstoffen. Die Pflanze braucht viele verschiedene Elemente. Kohlenhydrate und Fette enthalten zum Beispiel Kohlenstoff, Sauerstoff und Wasserstoff, Eiweiß, zusätzlich Stickstoff, Schwefel und andere. Der wichtigste Assimilationsvorgang in der Pflanze ist die Kohlensäureassimilation. Sie findet in den grünen, chlorophyllhaltigen Teilen statt, also hauptsächlich in den Blättern. Dabei wird aus der Kohlensäure der Luft und Wasser Zucker aufgebaut. Die Energie zu diesem Aufbauvorgang liefert das Sonnenlicht, deshalb nennt man ihn auch Photosynthese.

Die in den Blättern gebildeten Assimilate wandern durch die innere Rinde (das Phloem) zu allen aktiven Bildungsgeweben, das heißt in die Trieb- und Wurzelspitzen, in das Kabium, das das Dickenwachstum des Sprosses ermöglicht, sowie in die Speicherorgane, das heißt die verholzten Sproß- und Wurzelteile. Die Blätter sind also die eigentliche »Nährstoffabrik« der Pflanze. Es muß deshalb bei der Rosenpflege oberstes Ziel sein, möglichst viele gut entwickelte und gesunde Blätter an jeder Rosenpflanze zu haben, um ein kräftiges Holzwachstum und ein reiches Blühen zu erreichen.

Nährstoffaufnahme aus dem Boden

Die Wurzelhaare nehmen aus dem Boden Wasser und gelöste Nährstoffe auf. Um diesen Vorgang zu bewerkstelligen, brauchen sie Energie, die sie durch Veratmung von Zucker gewinnen. Zucker wird entweder direkt von den Blättern oder dann von in der Nähe gelagerten Reservestoffen herantransportiert. Die Atmung der Wurzeln benötigt Sauerstoff aus der Luft (gut durchlüftete Erde) sowie Wärme.

Die Mineralstoffaufnahme aus dem Boden ist ein Assimilationsvorgang, in dem die aufgenommenen Elemente in arteigene organische Stoffe eingebaut werden. Im Wasser gelöste Nährstoffe wandern durch das Holz (Xylem) in die Blätter. Die Stoffaufnahme kann bis zu einem gewissen Grad selektiv erfolgen, das heißt die Wurzel kann die Stoffe, die sie aufnimmt, zum Teil »auswählen«.

Für ein gutes Wachstum und reiches Blühen müssen den Rosen genügend Nährstoffe zur Verfügung stehen, sowie genügend Bodenfeuchtigkeit und Bodenluft.

Deshalb ist bei der Düngung (künstliche Zufuhr von Nährstoffen) ganz besonders darauf zu achten, daß nie eine einseitige Düngung des Bodens erfolgt. Es muß stets für eine Zufuhr aller wesentlicher Nährstoffe, Spurenelemente und Humus gesorgt werden. Jede Vernachlässigung würde unweigerlich nie wieder gutzumachende Schäden nach sich ziehen.

Erfolgreiche Rosenkultur

Grundvoraussetzung für das Halten von Pflanzen ist das Einhalten der Standorts- und Wachstumsbedingungen, wie sie von der betreffenden Pflanze – in diesem Falle der Rose – verlangt werden. Nur so kann ein wirklicher Wachstums- und Blüherfolg erzielt werden. Leider aber schenkt man diesem Umstand in der Praxis viel zu wenig Aufmerksamkeit. Erst wenn sich Mißerfolge einstellen, wird man sich bewußt, daß den eigentlichen Voraussetzungen ungenügend oder überhaupt keine Beachtung zuteil geworden ist.
Für ein gutes, ungehemmtes Wachstum der Rosen ist als erstes die Wahl geeigneten Bodens erforderlich: Gesund, möglichst tiefgründig, nicht zur Verdichtung neigend, gute Wasserdurchlässigkeit und keine alten Gartenböden.
Der Standort soll vom Wind möglichst durchspült werden können, nicht zu heiße Lage und keine Traufgefahr.
Ferner schließt sich hier die gute Vorbereitung des Bodens für die Pflanzung an.
Nach diesen Standorts- und Bodenbedingungen geht unsere Aufmerksamkeit weiter: Zur Wahl möglichst kräftiger und vollständig gesunder Rosenpflanzen sowie den lokalen Verhältnissen angepaßten Sorten.
Bei der Pflanzung spielen dann die Pflanzenabstände eine Rolle, da sie auf die betreffenden Arten und Sorten abgestimmt sein müssen.
Der Boden muß bis zum Beginn der heißen Jahreszeit vollständig von den Blättern der Rosenpflanzen beschattet sein, wodurch ein Temperaturausgleich des Bodens entsteht, und so wird auch eine bessere Ausnützung der Bodenkohlensäure (CO_2) ermöglicht. Diese kann nicht direkt in die freie Atmosphäre austreten, sondern wird vom geschlossenen Blätterdach zurückgehalten. Die Kohlensäure wird damit von den Blättern ausgewertet, wodurch sich eine größere Sicherung für die Gesunderhaltung und Wüchsigkeit ergibt.

Boden

Allgemeines. Boden und Klima üben einen direkten Einfluß auf das Wachstum und den Gesundheitszustand der Pflanzen (Rose) aus. Mit dem Wurzelsystem ist sie mit dem Boden eng verbunden, und die Sprosse sind der Atmosphäre ausgesetzt.
Nichtübereinstimmung zwischen Boden und Klima kann den Stoffwechsel ungünstig beeinflussen.
Rosen stellen an den Boden ganz besondere Anforderungen, vor allem in bezug auf die Durchlüftung und die Abzugsmöglichkeit des Wassers. Böden, die zur Verdichtung und Verkrustung neigen, können leicht an Sauerstoffmangel leiden, wodurch das ganze

Wurzelsystem in seiner Ausbildung beeinträchtigt wird. Die Folge davon ist dann, daß sich verschiedene Krankheitssymptome zeigen.

Bodenprofil. Dieses kann das Wachstum und den Gesundheitszustand bei den Rosen wesentlich beeinflussen. Rosen sind Tiefwurzler, weshalb das ideale Bodenprofil für eine Rosenanlage über folgende Eigenschaften verfügen sollte.
1. *Untergrund* muß so beschaffen sein, daß das Wasser stets eine Abzugsmöglichkeit hat. Diese kann in einer schottrigen, kiesigen oder sandigen Unterlage bestehen.
2. *Zwischenlagen* können aus Mergel und Tonteilen bestehen. Der Anteil ist nicht wesentlich, wenn der Untergrund das Wasser abfließen läßt.
3. *Auflage* (der oberste Teil) sollte im Idealfall über eine Mächtigkeit von 60 bis 80 cm verfügen und aus tonreicher Ackererde mit einem Anteil von etwa 4 Prozent Humus bestehen. Die Tonteilchen und Humusbestandteile spielen eine wichtige Rolle bei der Festhaltung von Wasser und Nährstoffen.

Bodenreaktion. Auch für die Rose bedeutet diese einen wichtigen Wachstumsfaktor, besonders beim Anlegen größerer Rosenkulturen und Beete ist vor der Anpflanzung durch eine Untersuchung des betreffenden Bodens hierüber Klarheit zu schaffen.
Die Bodenreaktion wird mit pH-Zahlen angegeben. Diese zeigt eine relative Menge der im Boden vorhandenen freien Wasserstoffteilchen (Ionen) an. Die Menge dieser freien Ionen gibt den Säuregrad des Bodens bekannt. Die Zahl pH 6,8 bis 7,2 bedeutet = neutral, unter pH 6,8 = sauer und über pH 7,2 = alkalisch. Für Rosen liegen die Idealwerte zwischen pH 6,4 bis 7,5.

Nährstoffverhältnis. Dieses kann durch entsprechende Kulturmaßnahmen reguliert werden, so daß nur in Ausnahmefällen Mangel- oder Überschußschäden auftreten dürften.
Bei der Düngung ist immer zu beachten, daß sämtliche Hauptnährstoffe sowie die Spurenelemente (Mikronährstoffe) verabreicht werden. Nie übertreiben!

Salzgehalt des Bodens. Die Rosen reagieren auf eine eventuelle Übersalzung des Bodens sehr empfindlich, sie gehören zu den salzempfindlichen Kulturpflanzen. Zu hoher Salzgehalt verursacht leichtes Einrollen und Vergilben der Blätter. Die Wurzeln werden dadurch in Mitleidenschaft gezogen, Braunwerden bis Absterben. Deshalb ist eine zu häufige Verwendung von Düngersalzen zu vermeiden.

Bodenmüdigkeit. Dies ist ein Begriff, welchen man zu oft als wachstumsstörende Ursache verantwortlich macht. Bei den Rosen tritt diese vorwiegend in Kulturen auf, in denen zu intensiv mit jungem, unreifem Kompost (auch Kehrichtkompost) gearbeitet wird. Aber auch in alten Beständen, wo immer wieder neue Rosen eingepflanzt werden, nimmt die Bodenmüdigkeit zu. Es kann aber auch eine zu einseitige Düngung dafür verantwortlich gemacht werden.
Unter Bodenmüdigkeit verstehen wir einen Zustand des Bodens, in welchem die Pflanzen nur noch kümmerlich wachsen und der allgemeine Gesundheitszustand stark zu wünschen übrigläßt.
Ausnahmsweise können auch Nematoden, Wurzelälchen, an einem solchen Zustand mitbeteiligt sein.

Einfluß der Wasserversorgung. Wasserüberschuß und Wassermangel können zu physiologischen Wachstumsstörungen führen. Wassermangel führt zu Welkeerschei-

Beispiel eines idealen Bodenprofils für die Rosenkultur

Reiche Auflage guter Ackererde

In die Tiefe geschwemmte feine Humus- und Tonteilchen

Zwischenlage aus Mergel und Tonteilchen bestehend

Wasserdurchlässiger Untergrund, bestehend aus Jurakalk (Malm)

nungen, dies rührt daher, indem die Saugkraft der Wurzel nicht mehr ausreicht, um das im Boden festgehaltene Wasser für sie nutzbar zu machen.
Wassermangel auf längere Zeit führt zu Funktionsstörungen und zu krankhaften Zuständen der Pflanzen.
Wasserüberschuß im Boden kann zu ähnlichen Folgen führen wie Wassermangel. Übersättigter Boden an Wasser verhindert die gesamte Atmung des Bodens und jene der Wurzeln, was ebenfalls zu Welkeerscheinungen führen kann.
Es gilt deshalb, stets dafür zu sorgen, daß Mangel sowie Überschuß vermieden werden, vielmehr soll versucht werden, durch entsprechende Kulturmaßnahmen das Gleichgewicht im Boden zu erhalten.
Bei den Rosen ist zu häufiges Gießen von Nachteil, dagegen soll bei jeder sich als notwendig zeigenden Bewässerung eine reichliche Gabe von etwa 30 Liter pro m^2 verabreicht werden.
Einflüsse der Temperatur. Hohe Temperaturen führen meistens zu großen Wasserverlusten der Rosenpflanzen, was sich durch das Geschehen in den Zellen nachteilig auswirken kann. Jahrzehntelange Versuche brachten die Erfahrung, daß für Rosen extrem heiße Lagen von Nachteil sind. Nicht nur die direkte Bestrahlung von Boden und Pflanzen durch die Sonne, sondern auch stagnierende Wärme ist von Nachteil. Denn dadurch wird die Atmung intensiviert, und die betroffenen Pflanzen nehmen Schaden, wenn solche Verhältnisse längere Zeit andauern, was zu sogenannten »Nebenerscheinungen« führen kann, wovon besonders die jungen Rosenblätter, Blüten und Früchte betroffen werden können. Um die Bodentemperatur in einer gewissen Ausgeglichenheit zu erhalten, sind die Pflanzabstände so zu wählen, daß die Blätter den Boden vollständig bedecken, um während des Sommers die Bodentemperatur möglichst gleichmäßig zu erhalten.
Niedere sowie zu hohe Temperaturen wirken sich nachteilig aus und begünstigen auch die Entfaltung von Krankheiten.
Die Unternulltemperaturen, die wir als Früh- und Spätfröste kennen, können Schäden an Blatt, Knospen und Früchten (Hagebutten) auslösen. Wenn die Temperatur einige Grad unter den Gefrierpunkt fällt, vermindert sich das Bindungsvermögen des Plasmas (Zellinhalt) für Wasser, was zum Welken führt. Dadurch, daß eine Kältestarre eintritt, leiden dann die Zellen unter Wassermangel. Der Tod durch Erfrieren muß als Wassermangel des Plasmas angesehen werden.

Vorbereitung des Bodens für das Pflanzen

Hier darf nichts übersehen oder nur oberflächliche Arbeit geleistet werden.
Wenn wir bedenken, daß Rosen mehr als ein halbes Menschenalter am selben Ort sich wohlfühlen sollen und uns in dieser Zeit durch ihre Gesundheit und Reichblütigkeit erfreuen, dann kann bei der Vorbereitung des Bodens nur eine gründliche und sorgfältige Arbeit zum Ziel führen.
Diese besteht in einer gründlichen und möglichst *tiefen* Bearbeitung, wobei bei dieser Arbeit und der späteren Pflanzung hemmende größere Steine zu entfernen sind.
Sonst sind Steine für die Durchlüftung des Bodens nur von Vorteil.
Eventuell vorhandene Grasnarbe ist ganz flach abzuhacken und nicht in die Erde

einzuarbeiten. Ebenso darf kein Mist, kein Dünger und dergleichen vor der Pflanzung in die Erde kommen. Der Untergrund muß *unbedingt* gründlich gelockert werden, um den Wasserabzug sicherzustellen.
Diese Arbeit, wie übrigens das Pflanzen selbst, darf nur dann ausgeführt werden, wenn der Boden jeweils genügend abgetrocknet ist, bearbeiten wir nasse Böden, dann begünstigen wir die Wurzelfäulnis.
Kann diese Pflanzvorbereitung einige Wochen vor dem Setzen der Rosenstöcke ausgeführt werden, dann ist dies von Vorteil, denn dadurch kann sich der Boden in der Zwischenzeit wieder etwas setzen!

Lage und Standort

Obwohl die Rosen ganz allgemein zu den die Sonne liebenden Pflanzen gehören, wird nur zu oft der Fehler begangen, sie an einer Lage zu placieren, wo sie der Sonne zu stark ausgesetzt sind. Vom frühen Morgen bis zum späten Abend einwirkende Besonnung kann sich vor allem dann schädlich auswirken, wenn keine frische Luft die Rosenbestände durchzieht und das Terrain außerdem noch gegen die Sonnenseite zu abfällt. Dadurch nisten sich gerne Krankheiten und Schädlinge ein, zudem schreitet das Verblühen rascher voran, und es werden zusätzliche Bewässerungen notwendig, auch entsteht dadurch eine größere Gefahr des Erfrierens über Winter, weil die sommerliche Sonneneinstrahlung dies begünstigt. Außerdem gibt es eine Reihe von Sorten, die sich in hitzeexponierter Lage nie einwandfrei entwickeln können, es sind meistens solche mit Pastellfarben.
Deshalb gilt als Regel, Hauswandrabatten möglichst zu vermeiden, besonders direkte Süd- und Westlagen. Ostwärts und leicht nach Norden abgewendete Wandrabatten kommen bei entsprechender Bodenvorbereitung, Sortenwahl und angemessener Pflege für Rosenbepflanzung noch in Frage. Man denke aber daran, daß die Wirkung der Rosen in Hauswandrabatten nie so groß sein kann, wie wenn diese in einem gewissen Abstand vom Haus placiert würden.
Eine zu enge Nachbarschaft mit anderen Pflanzen ist zu vermeiden, um jedes Abtropfen von Regenwasser auf die Rosen zu verhüten, denn dies wäre für sie schädlich. Eine weitere Beeinträchtigung des Wachstums durch die Nachbarpflanzen kann durch deren Wurzeln ausgelöst werden, infolge der Ausscheidung von Wurzeltoxinen. Diese Hemmstoffe erschweren das allgemeine Wachstum der Rosen, sie lassen diese verkümmern oder eingehen.
Zudem wird das Wachstum durch ein Abdecken des Bodens begünstigt. Die ideale Bodendecke sind die Blätter der Pflanzen selbst (richtige Pflanzdistanzen wählen!). Grobes strohiges Material (stark strohiger Kuhmist oder Strohhäcksel) ist sehr günstig. Dann hat eine stets lockere Erdoberfläche ebenfalls einen sehr wertvollen Einfluß auf das Wachstum.
Feine Rasenabschnitte sollten nicht als Bodendecke verwendet werden, es besteht dabei die Gefahr vollständigen Luftabschlusses.

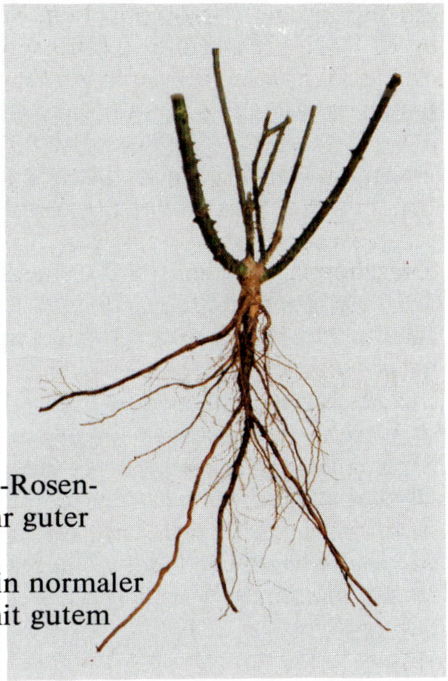

Links: Floribunda-Rosenjungpflanze in sehr guter Qualität
Rechts: Edelrose in normaler Handelsqualität mit gutem Wurzelwerk

Rosenpflanzen

Wie bei der Saat die Qualität des Saatgutes für den Ertrag einer Pflanze ausschlaggebend ist, ist die Qualität eines Rosenstockes weitgehend am Wachstumserfolg beteiligt. Unter einwandfreien Rosenpflanzen, Busch-, Kletter- und Strauchrosen verstehen wir erstens ein kräftiges und gesundes Wurzelwerk, eine gut verwachsene unverletzte Veredlungsstelle und als Regel drei kräftige Triebe, die gut sichtbar sind. Bei den Stammrosen sind schlanke, flexible Stämmchen dicken und knorrigen vorzuziehen. Die Struktur der Wurzeln sowie die Neigung zur Bildung von Wildtrieben spielen auch hier eine wichtige Rolle für die Qualität einer Stammrose.
Leider werden durch Warenhäuser, Großverteilerfirmen usw. in Plastikbeuteln verpackte Rosen in schon stark angetriebenem Zustand verkauft, wobei die Wurzeln oft bereits ziemlich Schaden genommen haben.
Hier ist kritisches Einkaufen unerläßlich. Solche Rosenstöcke bedürfen immer einer besonders sorgfältigen Behandlung vor dem Pflanzen.

Pflanzung der Rosen

Ob diese im Herbst oder Frühjahr erfolgt, hat auf das Wachstum keinen Einfluß, hingegen auf den Beginn der Blütezeit. Bei der Frühjahrspflanzung, im April beispielsweise, ist deren Beginn um etwa 10 Tage später als bei der Herbstpflanzung und jede weitere um Tage hinausgeschobene Pflanzung zieht auch die Verschiebung des Blühbeginns um einige Tage nach sich.
Ohne Bedenken können Rosen bis Ende Mai gepflanzt werden. Die Vorbereitung der Rosenstöcke für das Pflanzen besteht im Zurückschneiden der Wurzeln. Als Regel gilt, daß sämtliche Wurzeln auf etwa 20 cm eingekürzt werden.
Bei der Herbstpflanzung wird an der Krone nicht geschnitten, bei der Frühjahrspflanzung wird die Krone vor dem Setzen definitiv geschnitten, das heißt die kräftigen Triebe werden auf etwa 5 Augen eingekürzt, die schwächeren auf 2 oder 3 und die ganz schwachen werden auf Astring rund 3 mm über der Anwuchsstelle entfernt. Sind die Pflanzen etwas eingetrocknet, dann sind sie mindestens 8 Stunden vollständig ins Wasser zu legen, damit Wurzeln und Triebe sich ganz mit Wasser sättigen können, dadurch ist jedes Anwuchsrisiko ausgeschaltet.
Beim Pflanzen müssen die Wurzeln senkrecht in den Boden kommen, dies trägt viel zu einem aktiven Wachstum bei.
Ist die Pflanzgrube bis zur Hälfte oder bis zu zwei Drittel mit Erde eingefüllt, dann wird reichlich angegossen und nach dem Versiegen des Wassers die Grube endgültig eingefüllt, wobei die Veredlungsstelle unbedingt *5 cm* unter die Erdoberfläche zu stehen kommen muß. Ein tieferes Pflanzen ist nachteilig. Nie sollte man erst nach dem Fertigpflanzen angießen, denn dadurch werden die Wurzeln kaum eingeschwemmt und die Erdoberfläche verkrustet, wodurch das Gießwasser dann nicht den erhofften Zweck erfüllt, da es sofort verdunstet.
Kann man den Boden zwischen den Rosenpflanzen mit jungem, strohigem Mist oder Strohhäcksel abdecken, verhüten wir ganz allgemein eine Verkrustung der Erdoberfläche und helfen mit, die Bodentemperatur zu regulieren.
Als ideale Pflanzdistanz für Buschrosen wird mit 10 Pflanzen pro m^2 gerechnet.
Bei extrem kräftig wachsenden 7 Stück, bei normal wachsenden 10 Stück, bei schwach wachsenden 12 Stück, Miniaturrosen 12 bis 15 Stück.
Für eine Kletterrose wird als Wandfläche 15 m^2 benötigt, an Spalieren ein Abstand von 6 m von Pflanze zu Pflanze, für Stammrosen in geschlossenem Beet 80 cm, in Rabatten 150 bis 200 cm, Hängerosen 2 bis 5 m von einer Pflanze zur anderen.
Für Strauchrosen sind für eine Pflanze, je nach Sorte und Artzugehörigkeit 1,5 bis 7 m^2 Bodenfläche notwendig. Nur bei genügendem Raum können sie sich voll entfalten und werden zur Zierde eines Gartens!

Physiologische Veränderungen

Physiologische Veränderungen sind auf Störungen des pflanzlichen Stoffwechsels zurückzuführen, die aus Mangel sowie Überschüssen an Nährstoffen und Mikronährstoffen eintreten können. Aber auch übermäßige Einwirkungen von der Außenwelt her, die heute in reichem Maße vorhanden sind, können die Ursache sein, es sei nur an die Abgase der Autos und Zentralheizungen erinnert.
Alle Erscheinungen, welche auf physiologischen Störungen beruhen, sind nicht infektiös und werden somit nicht übertragen. Die Erscheinungsformen physiologischer Schädigungen an den Rosen sind sehr verschiedenartig und dürfen zu den häufigsten Symptomen bei nicht gesunden Rosen gezählt werden. Allein schon aus dieser Erkenntnis heraus sehen wir, wie vielseitig die Probleme im Rosengarten sein können.
Dies zu wissen hat den Vorteil, daß bei der Ausführung von Arbeiten bei den Rosen, die sich irgendwie auf das Wachstum ungünstig auswirken könnten, Rücksicht genommen werden kann. Auf diese Weise besteht die Möglichkeit physiologische Schäden stark zu verringern.
Eine wichtige Maßnahme zur Verhütung physiologischer Veränderung besteht in der Erfüllung aller Voraussetzungen für ein gutes Gedeihen, wie Standort, Boden, Pflanzweise und die gesamte Pflege.
Wer hier versucht, seinen Rosen das Optimum für das Wachsen zu geben,wird vielen solchen Schädigungen ausweichen können. Von Bedeutung ist auch, bei einem eventuell notwendigen Standortwechsel neuen Boden zu verwenden (nie alte Gartenböden gebrauchen). Beete, auf denen schon einmal Rosen gestanden haben, dürfen 14 Jahre lang nicht mehr mit Rosen bepflanzt werden, wenn die Erde nicht 70 bis 80 cm tief ausgewechselt werden kann.
Aber auch Nachbarpflanzen, wie beispielsweise Rosaceaeen (Rosenblütler), deren Wurzeln mit denjenigen der Rosen in Kontakt kommen, können schädigenden Einfluß auf das Gedeihen der Rosen ausüben. Ebenso sind durch Humusierung des Bodens mit ungeeigneten Präparaten, wie Kompost, Kehrichtkompost, Abdecken mit *feinen* Rasenabschnitten und andern Humusstoffen, physiologische Schäden möglich.

Beblätterte Rosenpflanze, im März aufgenommen, im Herbst erfolgte absolut kein Rückschnitt

Auch im Winter beblätterte Rosenpflanzen

Normalerweise lassen die meisten der Kulturrosen in unseren Breitegraden über Winter die Blätter fallen, so daß sie entlaubt überwintern.
Nun aber hat man in jüngerer Zeit die Beobachtung gemacht, daß vielerorts, vor allem die Buschrosenarten, im Herbst die Blätter nicht mehr abwerfen.

Ursache: Die intensive Pflege der Rosen in Düngung und Pflanzenschutz läßt die Pflanzen unter diesen günstigen Bedingungen bis in den Spätherbst gesund erhalten. Durch plötzlichen Kälteeinbruch wird dann das Leben der Blätter unmittelbar abgebrochen und dadurch bleiben sie an den Pflanzen hängen. Denn die Wintervorbereitung der Blätter würde durch den Abbau des Chlorophylls geschehen. Das Haftenbleiben der Blätter kann auch durch eine Winterspritzung begünstigt werden.

Vorteil: Die an den Rosenpflanzen überwinternden Blätter haben den großen Vorteil, daß die Triebe von den herabhängenden Blättern vor der Sonne geschützt werden, und so werden Holzschäden, die durch Wind, Frost und Sonne entstehen, verhindert oder zumindest reduziert.

Magnesiummangel an Rosenblättern

Blattveränderungen durch Magnesiummangel

Wer seine Rosenbestände regelmäßig einer Kontrolle unterzieht, stößt oft auf Veränderungen der Laubblätter und glaubt hier wieder eine neue Krankheit gefunden zu haben.

Ursache: Die physiologischen Einflüsse können aber viel an solchen Veränderungen schuld sein. Typisch sind diese, die durch Mangel an Magnesium (Mg) entstehen.

Schaden: Dieses Aufhellen und spätere Verbräunen der Blattzonen kann bis zum Blattfall führen, wodurch solche Pflanzen stark geschwächt werden.

Vorbeugung: Möglichst magnesiumhaltige Dünger verwenden. Bei allfällig stärker erscheinenden Mangelerscheinungen Magnesium zur Blattspritzung verwenden, was aber nur bis Mitte Juli erfolgreich sein kann!

Trieb ohne Knospenanlage (Blind)

Blinde Rosentriebe als Folge von Sorteneigenschaft, Standort und Kulturfehler

Oft stößt man in Rosenbeständen auf eigenartige Triebenden, die fein und zart aussehen und keine Anzeichen von Knospenbildung aufweisen, also »Blinde Triebe«.

Ursache: Bei den dünnen Endtrieben handelt es sich erstens um eine Sorteneigenschaft, was wir vor allem häufig bei den Remontantrosen finden, dann wieder führen ungenügend besonnte Lage, starke Temperaturschwankungen sowie einseitige Stickstoffdüngung oder allgemeine Schwächung zu dieser Erscheinung.

Vorbeugung: Wahl geeigneter Standorte und bei Sorten, welche zu dieser Untugend neigen (Remontantrosen), wenn die Triebe gesund sind, sehr lang anschneiden, auf etwa 15 Augen, diese Triebe dann flach auf den Boden legen und befestigen. So werden sämtliche Augen angeregt auszutreiben und Blüten zu bilden.
Auch lange Sommertriebe werden, wenn diese etwa 80 bis 100 cm lang sind, auf den Boden gebunden und nicht zurückgeschnitten.

Chlorose verursacht durch chemische Vorgänge im Boden

Chlorose (Gelbsucht, Bleichsucht)

ist eine krankhafte Erscheinung an den Rosen. Hier ist eine normale Bildung von Blattgrün nicht möglich, was zu dieser unnatürlichen Verfärbung der Blätter führt.

a) *Chlorose, verursacht durch außergewöhnlich chemische Vorgänge im Boden*
Ursache: Das blattgrünbildende Eisen (nicht Eisenmangel), ist von der Pflanze nicht verwertbar, zu hoher Kalkgehalt.
Schaden: Schlechtes, allgemein kümmerliches Wachstum, Schwächung des Holzes bis zum vollständigen Eingehen solcher Pflanzen.
Vorbeugung: Sorgfältige Bodenwahl und Vorbereitung vor der Pflanzung von Rosen. Überlegte, nie einseitige Düngung, mit für Rosen speziell geeignetem Dünger (Volldünger auf möglichst weitgehender, organischer Basis mit Spurenelementen). Es muß verhütet werden, zu oft mit reinen Düngersalzen zu düngen, denn die Rosen gehören zu den salzempfindlichsten Pflanzen.
Behebung des Schadens: Gründliche und sorgfältige Bodenlockerung, ständig lockere Bodendecke, spritzen mit organischen Eisenverbindungen. Düngung mit Eisensalzen ist nutzlos!

b) *Chlorose, verursacht durch Mangel an Bodenluft und stagnierendem Bodenwasser*
Dies ist die häufigste Ursache von Chlorose.
Ursache: Ungenügende Bodenvorbereitung, kein Wasserabzug (Untergrund nicht gelockert), zu feine, stark zu Verschlemmung neigende Erde (keine Bodenluft).

Chlorose, verursacht durch Holzverletzungen am Fuß der Pflanze

Schaden: Schlechtes Wachstum, Verkümmerung der Wurzeln bis zum vollständigen Eingehen einzelner Pflanzen oder ganzer Beete.
Vorbeugung: Vor der Pflanzung für geeigneten Boden sorgen (nicht zu fein und nicht zur Verschlemmung neigend), Untergrund unbedingt gründlich lockern (Wasserabzug).
Behebung des Schadens: Gründliche und sorgfältige Bodenlockerung, eventuell Standortwechsel der betroffenen Rosen.

c) *Chlorose, verursacht durch Holzschäden*
Ursache: Zu wenig Sorgfalt mit Gartengeräten bei der Rosenpflege, den Füßen, aber auch durch Frost.
Schaden: Schwaches Wachstum, kümmerliche Triebbildung, Vergilbung der Blätter und Absterben der betroffenen Pflanzenteile, eventuell Eingehen ganzer Rosenstöcke.
Vorbeugung: Stets größte Sorgfalt angedeihen lassen bei den Pflegemaßnahmen, jegliche Art von Verletzung muß verhütet werden. Die Veredlungsstelle hat immer 5 cm unter der Erdoberfläche zu stehen (Frost).
Behebung des Schadens: Die vergilbten Pflanzenteile unbedingt bis auf das gesunde Holz zurückschneiden und in jeder Beziehung sorgfältige Pflege. Bei stark geschwächten Pflanzen eine leichte, rasch wirkende Stickstoffdüngergabe, jedoch nur bis Mitte Juni, spätere Gaben würden das Ausreifen des Holzes verhindern.

Nach anfänglicher Bräunung, erfolgte eine Vergilbung der Jungtriebe. Meist liegt die Ursache bei der Wahl ungeeigneter Unterlagen

d) *Chlorose, verursacht durch unzweckmäßige Anwendung von Kompost und anderen Humusstoffen*
Ursache: Zu häufiger Gebrauch von unreifem (jungem) Kompost, vor allem auch von zu frischem Kehrichtkompost, feinen Grasabschnitten und von zu regelmäßigen Stallmistgaben.
Schaden: Vergilbung der Blätter und parallel nimmt auch das allgemeine Wachstum ab und die Lebensdauer der Rosen wird verkürzt.
Vorbeugung: Möglichst auf jegliche Kompostgaben verzichten. Ist es jedoch einmal notwendig, den Boden mit etwas Kompost zu verbessern, dann darf nur vollständig ausgereifter und vollständig gesunder (mindestens drei Jahre alter) Kompost verwendet werden, aber nie dürfen Kompost- und Mistgaben zur Regel werden.
Behebung des Schadens: Die aufliegende Humusschicht (Kompost, Mist und dergleichen) ist zu entfernen und durch gute Ackererde zu ersetzen, jedoch darf der Wurzeln wegen nicht tiefer als 10 cm ausgewechselt werden.

e) *Chlorose, verursacht durch Wahl ungeeigneter Veredlungsunterlagen*
Die immer häufigere Erscheinung von stark chlorotischen Pflanzen in Anzuchtbeständen in Baumschulen, in öffentlichen Anlagen und Hausgärten, hat es notwendig gemacht, der Ursache näher nachzugehen.
Diese fand man überraschend stark ausgebreitet in der Verwendung ungeeigneter Unterlagen. Je nach Bodenverhältnissen und Klima tritt diese Erscheinung ganz deutlich auf. Auffallend ist, daß sie bei der Rosa multiflora sehr häufig anzutreffen ist.
Es gilt deshalb, dieser Frage in Zukunft vermehrte Beachtung zu schenken.

Links: Rose in einseitig gedüngtem Boden mit Magnesiummangel
Rechts: Normale Düngung mit Magnesium
('Champs-Elysées')

Einfluß der Düngung auf die Blütenfarbe

Die mineralische Zusammensetzung des Bodens sowie die Düngung können auf die Farbe der Rosenblüten einen wesentlichen Einfluß ausüben, was sich vor allem bei Rosen mit kräftiger Farbe besonders bemerkbar macht.
Eine harmonische Düngung, die aus speziell für die Rosen hergestellten Volldüngern besteht, sowie ein an Mineralien reicher Boden werden unter normalen Verhältnissen zu einer natürlichen Blütenfarbbildung führen.

Ursache: Sobald wir ein ausgeglichenes Düngen unterlassen, den Boden zu reich mit Humus versorgen und mit einzelnen Nährstoffen, wie Stickstoff, Phosphor und Kali im unrichtigen Verhältnis arbeiten, können leicht Störungen in der Entwicklung des allgemeinen Wachstums entstehen, die sich dann auch in der Veränderung der Blütenfarbe auswirken können. Dies tritt vor allem dann auffallend zutage, wenn *Magnesium* fehlt. Magnesiummangel führt zu ungenügender Bildung der Farbintensität der Blüten.

Vorbeugung: Durch gleichmäßige, abgewogene Düngung wird das Wachstumsgleichgewicht erhalten. Möglichst mit magnesiumhaltigen Düngern arbeiten.

Behebung des Schadens: Bei ungenügender Bildung der Farbintensität der Blüten ist mit einer Magnesiumdüngung nachzuhelfen, eventuell auch über die Blattdüngung.

Durch zu hohes Pflanzen verkümmerter Rosenstock, nur der graue Teil stand in der Erde

Eingehen von Rosen durch zu hohes Pflanzen

Warum Rosen immer wieder zu hoch, d.h. die Veredlungsstelle über der Erdoberfläche stehend, gepflanzt werden, ist nicht verständlich. Zum Teil mag dies aus Unkenntnis, teils aber auch daher geschehen, weil es der bereitgestellte Boden nicht zuläßt, in eine normale Tiefe zu pflanzen, da der Untergrund nicht so gelockert wurde, wie dies nötig gewesen wäre. Man möchte hier beinahe von Bequemlichkeit sprechen.

Vorbeugung: Nach genügend tiefer Bodenvorbereitung (60–80 cm) ist so tief zu pflanzen, daß die Veredlungsstelle 5 cm unter die Erdoberfläche zu stehen kommt (nicht tiefer!).

Schaden: Bei Rosen, deren Veredlungsstelle sich *über* der Erde befindet, entstehen Schäden durch Auswintern (Frostschaden) oder Austrocknen und Sonnenschäden besonders dann, wenn die Pflanzabstände zu groß gewählt wurden, sodaß die Veredlungsstelle ständig von der Sonne beschienen werden kann.
Das allgemeine Wachstum läßt dann nach, und allmählich beginnen einzelne Pflanzenteile abzusterben. Später gehen solche Rosenstöcke ganz ein.

Behebung des Schadens: Erkennen wir den Fehler frühzeitig, so schneiden wir alles defekte Holz heraus, lockern die Pflanzenzwischenräume gründlich und füllen diese mit guter Ackererde so auf, bis die Veredlungsstelle *5 cm unter* der Erdoberfläche steht.
So können gefährdete Rosen mit Erfolg gerettet werden und ein ganz allgemein vorzügliches Wachstum wird sich wieder einstellen.

Rosenzweig der Sorte 'Margo Koster' mit Grauverfärbung, darunter ist die Rinde unverletzt grün

Grauverfärbung der Rinde an Rosenzweigen

Hier handelt es sich um eine immer häufiger werdende Erscheinung, die vorwiegend bei Zwerg- und Polyantharosen auftritt. Interessant ist es, festzustellen, daß die Grauverfärbung auch mit dem Standort der betreffenden Rosen in Zusammenhang steht. Extrem heißer, trockener Standort begünstigt diese Erscheinung stark. Hier haben neuere Beobachtungen bewiesen, daß enger Pflanzenabstand eine wertvolle Vorbeugung darstellt.
Nach genauer Untersuchung handelt es sich um eine artentypische Erscheinung. Gerne kommt man in Versuchung, zu glauben, es sei eine Krankheit. Oft gelten so verfärbte Triebe als abgestorbenes Holz und werden unvorsichtigerweise herausgeschnitten. Dies hat jedoch mit einer Krankheit nichts zu tun.
Meist sind es zweijährige Triebe, die sich verfärben; die einjährigen gelangen allenfalls erst gegen Ende einer Kulturperiode dazu.
Wir dürfen uns von dieser Erscheinung nicht allzusehr ängstigen lassen!

Anfang der Herbstfärbung der Rosenblätter

Herbstliche Verfärbung der Laubblätter

Von Natur aus ist die Blattfarbe von Rosensorte zu Rosensorte verschieden. Ebenso innerhalb der Klasse.
Im Herbst stößt die übliche Pflanze ihre Blätter ab, weil sie sich im Winter, wenn der Boden gefroren ist, den Luxus der Transpiration (Verdünstung) nicht leisten kann. Vor dem Abfallen findet eine allgemeine Farbveränderung statt, weil die in den Blättern enthaltenen Nährstoffe in eine lösliche Form gebracht und in den Sproß zurückgezogen werden.
Es geht bei den Rosen nämlich viel länger bis die Laubblätter ihre grüne Farbe verlieren und abfallen. Dies kann auf die Überwinterung nur bei plötzlichen kräftigen Kälteeinbrüchen nachteilige Folgen haben.
Je besser die Rosenpflanzen den Sommer über gepflegt werden, um so gesünder treten die Blätter den Winter an.

Vorgang: Die Rotverfärbung entsteht durch die Verfärbung des Zellsaftes durch Anthozyan (roter Farbstoff), die gelbliche Färbung durch das Sichtbarwerden der orangeroten Carotine und der gelben Xantophylle (gelber Pflanzenfarbstoff) nach dem Verschwinden des grünen Blattfarbstoffes, das heißt nach dem Abbau des Chlorophylls.

Knoten an Rosenstämmchen

Knotenbildung an Rosenstämmchen und Rosenbüschen

Nicht sehr verbreitet, aber doch immer wieder anzutreffen sind solche verhältnismäßig große Knoten. Sie geben stets als Kuriosum wieder Anlaß zu Diskussionen.

Entstehung: Beim Öffnen solcher Knoten kann man feststellen, daß diese auf nur eine Kambiumzelle zurückgehen müssen.
Deshalb ist anzunehmen, daß eine einzige Kambiumzelle sich verändert und dadurch eine Dauerstörung in ihrer Entfaltung erleidet, wodurch sie sich dann viel rascher teilt als die anderen normalen Zellen.
Mit der Erweiterung des Kambiumringes werden es immer mehr Zellen, so daß sich dann im Lauf der Jahre solche Knoten bilden können.
Der knotentragende Stamm- oder Astteil wird in seinem Wachstum gehemmt. Es empfiehlt sich deshalb, den Knoten am Stamm eines Rosenbäumchens mit scharfer Schere oder Hippe (Bogenmesser) sauber wegzuschneiden und die entstehende Wunde mit Baumwachs zu verstreichen. Bei Strauchrosen wird jener Ast der Knoten trägt vollständig weggeschnitten.

Panaschierung:
Links beim Rosenblatt
Rechts beim Rosentrieb
(einjährig)

Panaschierung bei Rosenblättern und bei Zweigen

Obwohl diese Erscheinung selten ist, erregt sie immer wieder Aufsehen.
Dieses veränderte Aussehen ist eine sogenannte Albinoerscheinung. Die Verfärbung kann verschieden sein, gestreift, gefleckt, marmoriert, usw.

Entstehung: Durch ungenügende Ausbildung oder Mangel an Blattgrün an den betreffenden Pflanzenteilen. Die Protoplasten (lebende Bestandteile einer Zelle) sind deutlich voneinander abgegrenzt und verfügen über einen verhältnismäßig hohen Gehalt an Lipoiden (Zusammenfassung von physiologisch wichtigen Stoffen).
Will man diese Erscheinung erhalten, dann kann dies durch vegetative Vermehrung (Stecklinge oder Veredlung) geschehen.
Panaschierungen können auch infolge starken Befalls durch Blattläuse verschiedenster Arten ausgelöst werden. Sie können durch ihre Saugtätigkeit die Zellen der befallenen Blätter oder auch zarter Zweige in Mitleidenschaft ziehen, was zum Abbau des Chlorophylls und eben zu einer Panaschierung führen kann.

Rose 'John F. Kennedy' mit Regenflecken

Regenschäden an den sich öffnenden Rosenblüten

Normalerweise lösen Regen und Nebel auf die Rosenblüten keine Veränderungen aus, so wenigstens dürfte man annehmen. Leider trifft dies aber nicht immer zu. Eine Reihe von Sorten, vor allem zartrosa- und weißblühende sind solchen Schädigungen besonders ausgesetzt.

Ursache: Kurze Regenzeiten von Stunden oder einem Tag lösen keine Fleckigkeit auf den Blütenblättern der Rosen aus, sondern erst mehrere Regen- oder Nebeltage, die einander folgen.
Die Fleckigkeit wird durch das anhaltende Aufsitzen der Regentropfen oder des zusammengezogenen Nebelwassers auf den Blütenblättern ausgelöst, was durch den meist roten Hof um diese Wasseransammlung gekennzeichnet ist.

Vorbeugung: Eine solche ist möglich durch die Wahl von Sorten, die gegen Niederschläge unempfindlich sind, und eine geeignete Standortwahl, das heißt wo die Rosenpflanzen und Blüten dank guter Durchlüftung rasch abtrockenen können.

Behebung des Schadens: Auf direktem Wege ist dies nicht möglich, dagegen empfiehlt es sich, solche fleckigen Blüten möglichst früh wegzuschneiden, um das Bilden neuer Rosen zu beschleunigen.

Durch übermäßige Stickstoffdüngung verletzter Rosentrieb

Schädigung durch Überdüngung

Obwohl allgemein gesagt wird, daß Rosen hohe Anforderungen an die Düngung stellen, kann damit doch übertrieben werden. Dies trifft häufiger zu, als man es so leicht annimmt.

Nur zu oft werden die Überdüngungssymptome an den Blättern als irgendein Krankheitszustand gewertet. Wir müssen uns deshalb diesen Blattzustand gut einprägen, damit wir rechtzeitig die richtige Gegenmaßnahme ergreifen können. Diese besteht einmal in einer sofortigen Einstellung jeglicher Düngergaben. Dann durch gute Bodenbearbeitung, eventuell zusätzlicher reichlicher Wässerung, um so den Zustand der Pflanzen wieder in Ordnung bringen zu können, bis er sich normalisiert hat. Dies kann sogar ein ganzes Jahr andauern.

Beim Düngen muß man sich stets an die empfohlenen Düngermengen halten, man darf nicht glauben, daß mit einer überdimensionierten Düngung ein noch besseres Pflanzenwachstum und reiches Blühen ausgelöst werden kann.

In der Regel tritt das Gegenteil ein.

Zudem können wir dadurch den Boden auf längere Zeit ungünstig beeinflussen, wodurch eine zweckmäßige, richtige Düngung stark erschwert wird.

Links: Rosenblatt, Stickstoffmangel aufweisend
Rechts: Mit Stickstoff normal versorgt

Stickstoffmangel an Rosenblättern

Oft sind die Blätter der Rosen hellgrün, während sie sonst ein normales, eher sattes Grün besitzen. Einzelne solcher Pflanzen oder auch ganze Beete weisen bei den hellgrünen Blättern nur scheinbar einen normalen Wuchs auf. Vergleicht man aber diese Pflanzen mit jenen mit intensiv grünen Blättern, dann besitzen diese ein besseres allgemeines Wachstum und besser ausgebildete Blütenknospen.

Stickstoff ist ein wichtiger Bestandteil für die Bildung von Protoplasma (lebender Zellteil), welches der Träger des Lebens ist und den gesamten Stoffwechsel vollzieht. Stickstoff (N) begünstigt das Blatt- und Triebwachstum, gibt dem Blatt auch eine ausgeglichene grüne Farbe, weshalb der Mangel an »N« leicht erkennbar ist.

Ursache: Ist Mangel an Stickstoff, der von ungenügender Verabreichung oder Auswaschung im Boden herrühren kann.

Vorbeugung: Normales, alljährlich wiederkehrendes Düngen mit Düngemittel, bei dem ein ungefährer Anteil von Stickstoff (7–9 %) vorhanden sein muß. Nötigenfalls kann im Vorsommer mit einem Stickstoffdünger (Ammonsalpeter) nachgeholfen werden.

Behebung des Schadens: Bis Ende Juni einen Stickstoffdünger verabreichen (Ammonsalpeter) oder eventuell mit einer Blattdüngung nachhelfen!

Trockenheitssymptome an Wildrosen

Trockenheitssymptome

Immer wieder muß in der Praxis beobachtet werden, daß man vor der Trockenheit zuviel Angst hat und deshalb zu früh und zu häufig mit dem Gießen einsetzt.

Symptome: Die extremsten Trockenheitssymptome bestehen entweder im kräftigen herabhängen der sonst normal entfalteten Blütenstiele und Knospen oder im plötzlichen totalen Vergilben einzelner Blätter, unregelmäßig über die ganze Pflanze verteilt, die nachher rasch abfallen.

Behebung: Dieser Zustand ist das Zeichen für ein sofortiges Einsetzen der Bewässerung. Damit muß unmittelbar nach der ersten Feststellung von Trockenheitssymptomen begonnen werden. Je nach Bodenstruktur und Untergrund kann diese Maßnahme früher oder später notwendig werden.
Das Gießen darf nie während vollen Sonnenscheins stattfinden. Es muß in reichem Maße erfolgen, mindestens 30 Liter Wasser pro m^2 und in einmaliger Gabe. Es sollte nicht zu oft wiederholt werden. Hingegen ist der Boden nach jeder künstlichen Bewässerung etwas trocknen zu lassen und dann oberflächlich zu lockern, so erhalten wir dem Boden die Feuchtigkeit länger.

Beispiel vorzeitigen Blattfalles, verursacht durch direkten Kontakt mit Autoabgasen.
Rechts: Im Anfangsstadium
Links: Fortgeschritten

Ursachen eines unzeitigen Blattfalles

Nur zu oft muß beobachtet werden, daß während der Wachstumsperiode einzelne Partien der Rosenstöcke, ganze Pflanzen oder Beete ihre Blätter fallen lassen (abstoßen). Die Ursache kann ganz verschiedener Art sein, wie zum Beispiel *Wassermangel* oder *Hemmung* in der Wasseraufnahme (Vertrocknen), *Wasserüberschuß*, beständige Bodennässe läßt die Wurzeln ersticken und absterben, *zu starke Belichtung* (zu extrem sonnige, heiße Lage), das Blattgrün (Chlorophyll) stirbt ab und die Assimilation wird verunmöglicht, anhaltende *Einwirkung von Rauch und Gasen* auf die Pflanzen.
Starke Verletzungen, zum Beispiel durch Hagelschlag, mechanische Verletzungen durch zu hohen Druck und durch zu scharfen Strahl bei der Spritzarbeit.
Pilzliche Krankheiten, eventuell Schädigung durch Insekten.
Unrichtige Anwendung von chemischen Präparaten in der Blattdüngung und beim Pflanzenschutz, sowie *ungenügende Reinigung der Spritzgeräte* nach Gebrauch.
Das Aussehen der abfallenden Blätter ist je nach Ursache sehr verschieden. Wichtig ist, daß wir bei einem eventuellen Blattfall über den Grund einigermaßen orientiert sind, um möglichst rasch die eigentliche Ursache zu ermitteln, damit die richtige Gegenmaßnahme ergriffen werden kann. Deshalb ist immer eine genaue Kontrolle über die angewendeten Präparate und Pflegemaßnahmen, gleichgültig in welcher Richtung sie gehen mag, zu führen.

Links: Verbänderung eines Triebes
Rechts: Verbänderung von zwei Blütenhälsen

Verbänderung (*Fasciation*)

Sie treffen wir an Sproßachsen, Blütenständen und auch an den Wurzeln an. Dieser veränderte Zustand kann über eine Stecklingsvermehrung oder Veredlung erhalten und verbreitet werden. Sie kann aber auch erblich sein und sich deshalb durch Samen vermehren. Bei den Freilandrosen hat sie auf das allgemeine Wachstum keinen wesentlichen Einfluß und wird vorwiegend als Kuriosum angesehen. Hingegen kann bei Glashausrosen die »Verbänderung« zu erheblichen Schäden führen, da dadurch der »Blütenhals« sich gegen den Boden zu abbiegt, werden solche Rosen wertlos. Hier handelt es sich vorwiegend um eine Sorteneigenschaft ('Baccara'!)

Ursache: Die genaue Ursache kennt man nicht. Das zylindrische Organ (Sproß, Blütenstiel, Blütenhals, Wurzel) nimmt eine platt- oder bandförmige Querschnittform an. Der frühere radiärsymmetrische (strahlenförmige) Vegetationspunkt wird durch eine leistenförmige Form ersetzt. Wahrscheinlich wird diese Verbänderung durch hormonale Einwirkungen ausgelöst.

Vorbeugung: Bei der Wahl von Mutterpflanzen zur Gewinnung von Edelreisern ist es notwendig, daß Pflanzen und Triebe verwendet werden, die während einer Reihe von Jahren von einer »Verbänderung« vollständig frei waren!

Behebung des Schadens: Aussichtslos.

Durch übermäßige Humusierung der Erdoberfläche bedingte Verkümmerung der Tiefenwurzeln und Bildung feiner Wurzeln an der Oberfläche

Verkümmerung der Hauptwurzeln (Tiefenwurzeln)

Wird man bei Rosenbeeten auf ein allgemein kümmerliches Wachstum aufmerksam, mit kleinen, meist hellgrün gefärbten Blättern und kurzem Holztrieb, dann handelt es sich vorwiegend um Wurzelverkümmerung.

Ursache: Zu regelmäßige und intensive Humusierung der Erdoberfläche mit Torfmull, Kompost oder Grasabschnitten, strohiger frischer Kuhmist oder Weißstroh-Häcksel sind davon ausgenommen.
Dadurch bilden sich in den obersten Partien des Wurzelhalses viele neue Wurzeln, so daß die sogenannten Tiefenwurzeln (Hauptwurzeln) verkümmern und sogar absterben. Dadurch, daß sich die Seitenwurzeln infolge des reichen Humusanteiles des Bodens immer in demselben Bereich aufhalten, sammeln sich die Toxine (Hemmstoffe) derart stark an, daß die Wurzeln und damit auch die ganzen Pflanzen verkümmern.

Vorbeugung: Die Humusverabreichung darf nur in unregelmäßigen Zwischenräumen von 2 bis 3 Jahren erfolgen und nie in zu großen Mengen pro Gabe. Es ist dafür zu sorgen, daß durch eine richtige Bodenbearbeitung dieser Humusanteil gleichmäßig verteilt wird. Je nach Notwendigkeit, aber unbedingt in einem Rhythmus von mindestens 5 Jahren muß gesunde Ackererde eingebracht werden, um den mineralischen Anteil des Bodens wieder zu erhöhen und die angereicherten Toxine zu reduzieren.

Behebung des Schadens: Wird der Schaden frühzeitig erkannt, so pflanzt man diese Rosen am besten in vollständig neuen Boden um. Wenn die Verkümmerung bereits stark fortgeschritten ist, können solche Rosenstöcke kaum mehr gerettet werden.

An der Verkümmerung der Wurzeln können auch folgende Ursachen beteiligt sein: Ungenügend tiefe Bodenvorbereitung bei der Pflanzung, kann vor allem dann zu Wurzelverkümmerung führen, wenn es sich um schweren, wasserundurchlässigen Boden handelt.

Vorbeugung: In einem solchen Fall ist in etwa 80 cm Tiefe Geröll einzuarbeiten, und der Boden selbst mit grobem Flußsand zu durchsetzen. Damit erhalten wir einen genügenden Wasserabfluß und eine guten Bodendurchlüftung.

Unzweckmäßiger Einsatz ungeeigneter Geräte. Leider müssen wir heute immer noch feststellen, daß mit dem Spaten zwischen den Rosenpflanzen gearbeitet wird, dabei werden den Pflanzen oft starke Wurzelverletzung zugefügt.

Vorbeugung: An Stelle eines Spatens verwende man für die Bodenbearbeitung die zweizinkige »Rosengabel«.

Rücksichtsloses Betreten der Rosenbeete: Dadurch wird der Boden so stark verdichtet, daß die Wurzeln ungenügende Sauerstoffzufuhr erhalten. Dies kann vor allem in stark lehmigen, tonhaltigen Böden zum Verhängnis werden.

Vorbeugung: Einlegen von Platten in die Beete, um die Erde nicht betreten zu müssen.

Zu frühes Düngen frisch gepflanzter Rosen. Kann ebenfalls zur Verkümmerung und zum Absterben der Wurzeln führen.

Rosen im fünften Jahr im Garten stehend. Normalpflanzung zehn Pflanzen pro m^2. Infolge ungenügendem Erdaustausch nach früherer Rosenpflanzung, leidet die Neupflanzung unter den Toxineinwirkungen

Wachstumshemmende Einflüsse auf Rosen

In der Praxis stellt man häufig fest, daß Rosen Wachstumsschwierigkeiten zeigen in Böden, wo früher schon Rosen oder sonstige Rosengewächse (Rosaceaen) gestanden haben. Sogar schon die bloße Nachbarschaft von Rosenblühern, aber auch anderer Pflanzen verunmöglicht ein normales Wachstum der Rosen. Die Ursache liegt darin, daß ihre Wurzelsphären miteinander in chemische Berührung kommen. Sie können sich jedoch zum Teil auch gegenseitig in fördernder Weise beeinflussen, wie zum Beispiel bei einer Reihe von Nadelgehölzen.
Daraus können wir schließen, daß Wurzeln ganz spezifische Wurzelsekrete ausscheiden. Man besitzt aber über die chemische Zusammensetzung noch zu ungenügende Kenntnisse, um genaue Angaben vorlegen zu können. Bewiesen jedoch ist, daß absterbende Pflanzen oder Pflanzenteile (Rosenstöcke in einem Beet) die neugepflanzten Rosen nicht zu einer normalen Entwicklung kommen lassen. Dies liegt an der Bildung von Toxinen (Giftstoffen), die von teils verwesenden Mikroorganismen ausgeschieden werden, welche im absterbenden Holz leben. Die Zersetzungsprodukte der absterbenden Wurzeln sind giftig! Deshalb dürfen keine Rückstände von Rosenpflanzen wie zum Beispiel Wurzeln, Rosenabschnitte, usw. im Boden zurückbleiben, denn wenn Rosenstöcke in einem Beet erneuert werden, auch wenn die Erde vollständig ausgewechselt wird, können solche Rückstände nach wenigen Jahren zu Schädigungen führen. Auch im Boden lebende Pilze erzeugen Toxine, die den Boden vergiften können und so das Wachstum der Rosen erschweren oder gar verunmöglichen.

Durch eine ausgewachsene Rose ist eine zweite durchgewachsen; es kann eine dritte folgen

Weitergewachsene Rose (*Prolifikation*)

Die hier dargestellte Erscheinung wird oft fälschlicherweise als »durchgewachsene Rose« bezeichnet. Sie kommt bei Rosen oft vor, vorwiegend bei kleinblumigen Arten und Sorten. Sie wird gerne als Wunder angesehen, war doch schon Goethe erstaunt darob.

Ursache: Das Teilungsgewebe (Vegetationskegel) eines Blütensprosses setzt seine Entwicklung auch dann noch fort, wenn der Fruchtknoten schon ausgebildet ist. Nachdem eine vollständig normale Blüte mit allen ihren Details angelegt ist, bildet sich eine neue Blüte, welche aus der schon vorhandenen herauswächst. Somit erscheinen zwei Rosen übereinander.
Es kann sich anstelle einer zweiten oder dritten Blüte auch ein Laubtrieb bilden. Die zweite oder dritte Blüte ist aber meistens nicht mehr vollkommen entwickelt.

Veränderungen durch äußere Einflüsse und mechanische Verletzungen

Wenn Veränderungen im Wachstum der Rosenpflanzen festgestellt werden, dann glaubt man meistens, daß es sich um Krankheiten handle und versucht die entsprechenden Maßnahmen zu ergreifen. Erst nach längerer Zeit, wenn wir feststellen, daß kein Erfolg zu konstatieren ist, suchen wir nach andern Ursachen.
Oft treffen wir auf mechanische Verletzungen, welche die Schuld an der Veränderung der Pflanzen tragen, meist herrührend von der unrichtigen Wahl von Geräten wie Spaten, Lockerungsgeräten usw. oder auch uns selbst mit den Schuhen.
Rosenpflanzen reagieren auf Holzverletzungen sehr empfindlich, ob diese nun an den oberirdischen Teilen oder den Wurzeln sich befinden. Wenn man diese Schäden nicht rechtzeitig erkennt, können sich nicht nur allgemeine Wachstumshemmungen einstellen, sondern auch gefährliche Krankheiten einnisten. In Fällen, in denen die ganze Pflanze in Mitleidenschaft gezogen wurde, ist meistens keine Rettung derselben mehr möglich. Es gilt deshalb bei jeder feststellbaren Veränderung unverzüglich nachzuforschen, wo die Ursache liegen könnte, um dann die richtige Maßnahme vorzunehmen.
Bei der Durchführung der Bodenpflegearbeiten scheint uns vor allem wichtig, daß die Wurzeln, der Wurzelhals und auch die Zweige nicht verletzt werden. Oft werden Zweige nur teilweise abgedrückt, diese haften jedoch noch am Trieb, wodurch eine Eindämmung des Saftdurchflusses entsteht, was zu starken Veränderungen des Zustandes dieser Pflanzenteile führt.
Die häufigsten Schädigungen werden durch unrichtig und unsorgfältig ausgeführte Schnittarbeit ausgelöst, gegen die man meist den ganzen Sommer hindurch zu kämpfen hat, bis alle Fehler ausgemerzt sind. Auch durch den Frost ist es möglich, daß Veränderungen am Aussehen der Rosenstöcke entstehen können. Dieser kann vor allem im Frühling beim Jungtrieb Schädigungen verursachen, die nur leichter Natur sein können, aber doch das erste Blühen in Frage stellen. In stark dem Wind ausgesetzten Lagen sind Holz- und Blattschädigungen möglich. Das Aussehen solchen Holzes ist dem von Frostschaden betroffenen sehr ähnlich.

Holzschaden durch Frost, Sonneneinwirkung und Überdüngung.
Links: Am einjährigen Trieb
Rechts: Am zweijährigen Trieb

Absterben von ein- und zweijährigem Holz

Plötzlich wird man auf ein rasches Verfärben des ein- und zweijährigen Holzes aufmerksam. Parallel dazu verändern sich meistens auch die Blätter oder sie fallen ab.

Ursache: Der Winterschaden ist hier verursacht durch späte sogenannte Wechselfröste, während die Rosen vollständig im Saft sind, und extremer Sonnenbestrahlung ausgesetzt sind.

Schaden: Der Schaden kann die betroffenen Pflanzen zum vollständigen Absterben zwingen, da solches Holz keinen Saftdurchfluß mehr zuläßt.

Vorbeugung: Schon beim Frühjahrs-Rosenschnitt sämtliches zweifelhafte Holz sauber herausschneiden.

Behebung des Schadens: Auch während der Vegetationszeit fortlaufend betroffenes Holz, auch schon im Anfangsstadium, wegnehmen. Darauf achten, daß bei Neupflanzungen die Rosen genügend dicht zusammen gesetzt werden (10 Pflanzen pro m^2!).

Schäden verursacht durch Beregnung bei Sonnenschein

Blattschäden, verursacht durch Beregnung bei Sonnenschein

Allgemeines: Unter den vielen Blattschäden, die während einer Vegetationsperiode bei den Rosen in Erscheinung treten, handelt es sich nicht immer um parasitäre Pilzkrankheiten.
Ein äußerst häufiges Schadenbild ist jenes, welches durch unzweckmäßige Kulturpflegemaßnahmen entstehen kann. Nämlich jenes, welches durch ein Beregnen bei *vollem* Sonnenschein und hohen Temperaturen entsteht.

Schäden: Dieses Bild unterscheidet sich dadurch, daß auf den abgestorbenen Blattflächen keine Pilzflecken feststellbar sind, meist »saubere« Schadflächen! Der Schaden aber kann beträchtliches Ausmaß annehmen, so daß die ganze Entwicklung eines Rosenbestandes derart leidet, wodurch eine ganze Blüte ausfallen kann.

Vorbeugung: Nie dürfen Rosen bei voller Sonne beregnet werden. Eine Bewässerung soll, wenn immer möglich, erst abends bei Sonnenuntergang vorgenommen werden.

Typische Blattveränderung, verursacht durch irgendwelche Wurzelschädigungen

Blattveränderungen durch Wurzelschädigungen

Immer wieder stoßen wir in der Praxis auf Blattveränderungen, die leicht auf eine Krankheit schließen lassen, da man gerne diejenige Ursache annimmt, welche am nächsten liegt. Dadurch aber ziehen wir allzu leicht Fehlschlüsse. Es gibt jedoch ganz typische Symptome, welche eindeutig auf den Einfluß der Wurzeln für diese Blattveränderungen hinweisen.
Die Ursache kann in Wurzelverletzungen durch Insekten wie zum Beispiel Dickmaulrüssler, Engerlinge, Mäuse, Wurzelläuse usw. liegen. Aber auch kräftige mechanische Wurzelverletzungen, ferner Wurzelpilze verschiedenster Art, können zu Blattveränderungen führen, die als Zeichen unsere Aufmerksamkeit verlangen. Erst nach Feststellung der eigentlichen Ursache sind die entsprechenden Maßnahmen zu ergreifen. Oft wird es kaum möglich sein, die wirklichen Ursachen zu ermitteln, ohne daß Pflanzen mit solchen Blattveränderungen für die Untersuchung sorgfältig ausgegraben werden. Solche Rosen können nach eventuellem Erdaustausch und leichtem Kronen- oder Wurzelschnitt, auch während der Vegetationszeit, wieder erfolgreich am gleichen Ort gepflanzt werden.

Blatt mit Blütenstaubbelag

Blütenstaub als »Krankheitssymptom« auf Rosenblättern

Zur Frühjahrszeit werden die Rosenfreunde häufig durch eigenartige Gebilde auf den Blattoberflächen beunruhigt. Diese Gebilde bestehen in verschiedenartigen Belagen, weiß bis gelblich usw.
Untersuchen wir diese eigenartigen Gebilde näher, dann stellen wir eindeutig fest, daß es sich hier um Blütenstaub (Pollenkörner) handelt. Die verschiedenen Formen dieser Pollenkörner rühren daher, weil diese von Pflanzenart zu Pflanzenart verschiedene Formen besitzen.
Es lohnt sich in solch ungewissen Situationen, die Blätter genau zu kontrollieren. Läßt sich dieser Belag leicht mit der Hand abwischen, dann handelt es sich eindeutig um den ungefährlichen Belag von Blütenstaub.
Solche Erscheinungen treten vorwiegend bei anhaltend trockenem Wetter während der Blütezeit auf. Große Bestände blühender Gehölze produzieren unter günstigen Witterungsverhältnisse enorme Mengen an Blütenstaub, der dann zu solchen Belägen auf Blättern führen kann.

Durch zu tiefes Pflanzen sind Wurzeln und Triebe abgestorben. Luftmangel!

Eingehen von Rosen durch zu tiefes Pflanzen

Immer wieder treffen wir Rosen an, die zu tief gepflanzt wurden, das heißt die Veredlungsstelle steht mehr als 10 cm unter der Erdoberfläche. Dadurch wird ein normales Wachstum total verunmöglicht. Dieser Umstand verursacht in schweren Böden ein rascheres Eingehen durch Ersticken der Wurzeln, als in leichteren, gut durchlüfteten Böden.

Vorbeugung: Nie zu tief, das heißt stets in gründlich vorbereiteten Boden, wobei auch der Untergrund gut gelockert sein muß, die Rosen so zu pflanzen, daß die Veredlungsstelle *5 cm unter* die Erdoberfläche zu stehen kommt. Sorgfältiges und exaktes Pflanzen ist unbedingt notwendig.

Behebung des Schadens: Sobald wir unbefriedigendes Wachstum feststellen, ist eine Kontrolle über die Standtiefe der Veredlungsstelle der Rosen vorzunehmen. Bei zu tiefem Stand sorgfältige Pflege, vor allem gute Bodenpflege und im Oktober-November ist eine Umpflanzung unbedingt notwendig. So können gefährdete Rosen gerettet werden.

Durch den Draht der Etikette eingeschnürter Rosentrieb

Einschnürungen durch Draht, Schnüre und dergleichen

Ursache: Diese muß bedauerlicherweise auf eine gewisse Gleichgültigkeit zurückgeführt werden. Die Drähte der an den Jungpflanzen belassenen Etiketten wachsen ein und schnüren Rinde, Bastteil, Kambium und sogar das Holz ein, so daß überhaupt kein Durchfluß von Rohassimilaten (Wasser und gelöste Nährstoffe), noch Assimilaten (Bildungsstoffen) mehr möglich ist.

Schaden: Können die im Einwachsen begriffenen Bindematerialien nicht rechtzeitig entfernt werden, muß mit einem vollständigen Eingehen solcher Rosenstöcke, zumindest der über der Einschnürungsstelle befindlichen Pflanzenteile gerechnet werden.

Vorbeugung: Vor jeder Pflanzung der Rosen sind die an den Rosenstöcken angebrachten Etiketten zu entfernen und an oberen Pflanzenteilen zu befestigen, oder noch besser an einem separaten, neben der betreffenden Rose eingeschlagenem Stab anzubinden.

Behebung des Schadens: Eine solche ist in vorgeschrittenem Stadium nicht mehr möglich.

Werden die verblühten Rosen nur abgebrochen, so entstehen solch unschöne Gebilde

Folgen von unrichtigem Entfernen abgeblühter Rosen

Immer wieder muß in der Praxis festgestellt werden, daß verwelkte Rosen einfach direkt unter dem Blütenhals abgebrochen werden.
Dies wirkt äußerst unschön und zudem erhalten wir so in den obersten Triebregionen viele, aber nur sehr schwache Austriebe. Es ist so nicht möglich, daß wir vollentwickelte Rosen mit auch nur einigermaßen gut ausgebildetem Stiel erhalten. Zudem werden derart behandelte Rosenstöcke eine unnatürliche Höhe erhalten und vom Boden her bleiben solche Pflanzen kahl.

Vorbeugung: Die verblühten Rosen sind wöchentlich einmal zu entfernen.
Dabei ist folgendes zu beachten:
Bei *Edelrosen* sind die abgeblühten Blumen mit zwei vollkommen entwickelten Laubblättern, von der Blüte her über dem dritten Blatt wegzuschneiden.
Bei *Polyantha-, Floribundarosen* ist die abgeblühte Dolde über dem ersten darunterbefindlichen Blatt wegzuschneiden.

Behebung des Schadens: Ist man sich über den Fehler bewußt, den man beim Entfernen der verblühten Rose begangen hat, dann werden solche Triebe auf gut ausgebildete Augen zurückgeschnitten, Als Regel gelte mit 2 bis 3 Laubblättern bei den Edelrosen und mit höchstens 1 Laubblatt bei den Polyantha- und Floribundarosen.

Durch Spätfrost verkümmertes und Frostblasen aufweisendes Rosenblatt

Frostblasen an Rosenblättern

Ursache: Blätter, die noch im Wachstum sind, können durch Spätfröste Schaden nehmen, der sich durch Wellungen und Blasenbildungen bemerkbar macht, oft auch in nekrotischen (abgestorbenen) Gewebepartien und Flecken. Parallel dazu kann auch eine sogenannte »Kältechlorose« entstehen. Was das im Frühjahr häufige Auftreten von gelbblätterigen Rosen erklären läßt.
Diese Erscheinung wird durch eine Reduktion der Teilungsfähigkeit der Zellen ausgelöst.

Schaden: Er ist bei schwachem Symptom nicht groß, werden aber mehr als 50 % der Blätter »blasig«, dann wird der Anteil an einwandfreien Blüten stark reduziert. Bei darauffolgendem günstigen Wetter werden die geschädigten Blätter bald durch neue ersetzt, womit die Schwächung des allgemeinen Wachstums nur für kurze Zeit besteht.

Behebung des Schadens: Durch frühzeitiges Entfernen der stark »blasigen« Blätter wird baldige neue Blattbildung ausgelöst.

Spätfrostschaden durch –5 °C ausgelöst. Hier wird über dem ersten, noch vollständigen Blatt zurückgeschnitten

Frostschaden am Jungtrieb

Spätfröste im Frühjahr, in Jahren mit verhältnismäßig frühem Wachstumsbeginn, können gefährliche Schäden anrichten, wobei es oft um den Verlust der ganzen ersten Blüte gehen kann. Deshalb empfiehlt es sich, wenn immer möglich nur den Frühjahrsschnitt auszuführen. Zudem sollte er nicht zu früh vorgenommen werden, denn bei dem dadurch bedingten frühen Austrieb laufen die unteren, für uns so wertvollen Augen Gefahr, durch einen Spätfrost geschädigt oder vollständig vernichtet zu werden.

Ursache: Fröste, bei denen die Temperatur auf – 3 °C und noch tiefer sinkt, lassen die noch weichen, krautartigen Triebteile, welche dieser Temperatur noch nicht gewachsen sind, vollständig erfrieren.
Die Jungtriebe überstehen nur leichte Fröste von – 1 ° bis – 2 °C ohne wesentliche Schädigung.

Vorbeugung: Sind gefährliche Frostnächte im Anzug, so empfiehlt es sich, über den Rosenanlagen oder Beete einen guten Regner aufzustellen, der das Wasser in einem regelmäßigen Rhythmus verteilt, also in kleinen Zeitabständen die gleiche Fläche fein und gleichmäßig beregnet. Beim Sinken des Thermometers auf Null wird er in Betrieb gesetzt und so lange laufen lassen, bis das an Blättern und Trieben entstehende Eis sich wieder gelöst hat. – Nie darf der Regner früher abgestellt werden. Würde das Eis von der Sonne geschmolzen, so wäre kein Erfolg zu erwarten, im Gegenteil, es entstünden große Frostschäden. Zu kurz aufeinanderfolgende Frostberegnungen sollten

Der ganze Trieb war durch Frost vernichtet und wurde auf 3 mm zurückgeschnitten. Folge: Ein kräftiger und ein schwacher Austrieb

wenn möglich unterbleiben, um eine unnötige, zu starke Durchnässung und eventuelle Verschlammung des Bodens zu verhindern. Die produzierte Eisschicht bildet einen Schutz gegen die Frostkälte.

Behebung des Schadens: Der wirkliche Schaden kann erst 2 bis 3 Tage nach den Frostnächten genau erkannt werden. Sind die Triebe stark in Mitleidenschaft gezogen, dann werden sie auf Astring, das heißt bis auf etwa 3 mm über der Anwuchsstelle zurückgeschnitten. An dieser Stelle bilden sich dann sogenannte Basistriebe (1 bis 2 pro Rückschnitt), welche je nach Witterung in 21 bis 30 Tagen zum Blühen kommen. Bei schwachen Schädigungen lohnt es sich, die beschädigten Blätter zu entfernen und in Mitleidenschaft gezogene Triebspitzen werden bis auf das noch unverletzte Triebteil direkt vor einem noch vollständig gesundem Blatt eingekürzt.
Diese Arbeit darf erst etwa drei Tage nach dem genauen Erkennen des Frostschadens ausgeführt werden. Wir dürfen aber auch nicht zu lange zuwarten, denn dadurch würde der Beginn der Blütezeit allzu stark verzögert.

Folgen von Frost- und Sonneneinwirkung während des Winters (Frostplatte)
Links: Das Holz ist nur leicht verletzt. Eine Überwallung der Wunde ist zum Teil noch möglich.
Rechts: Holz defekt; solche Triebe sind wegzuschneiden

Frostschaden an Kletterrosen

Ursache: Kletterrosen, an geschützten Südwänden stehend, sind im Winter der Kälte und vor allem der Sonne stark ausgesetzt. Durch den raschen Wechsel von Frost und Wärme (Sonne) entstehen die gefürchteten Frostschäden.

Befall: Vorwiegend sind die eher dicken, kahlen Triebe gefährdet.

Schaden: Kann sich verheerend auswirken. Da die kräftigen Triebe oft ganze Wände bekleiden, kann durch das Eingehen nur eines einzelnen Triebes eine große Lücke entstehen.

Vorbeugung: In Höhenlagen sind gefährdete Pflanzen oder Pflanzenteile im Vorwinter mit Weißtannenästen oder Jutetüchern leicht zu beschatten.
Wichtig ist, daß diese Arbeit im Mittelland auf alle Fälle bis im Februar ausgeführt ist.

Leichter Hagelschaden

Hagelschaden

Rosen sind gegen Hagelschlag empfindlich, weil das junge Holz infolge des großen Markanteiles verhältnismäßig weich ist und daher leicht Schäden verschiedener Stufen entstehen können.

Leichte Schäden: Bei welchen nur die Epidermis und eventuell das darunterliegende Holz nur leicht beschädigt wurden.

Behebung des Schadens: Durch sofort eingeleitete zusätzliche Pflegemaßnahmen wie Pflanzenschutz, eventuell leichte Düngergabe von wasserlöslichem Volldünger und Lockerung des Bodens. Ebenso durch Entfernen und Einsammeln verletzter Blätter.

Mittlere Schäden: Bei welchen zum großen Teil auch das Holz in Mitleidenschaft gezogen worden ist.

Behebung des Schadens: Die stärker betroffenen Triebe sind bis auf das weniger verletzte Holz zurückzuschneiden (nur bis Ende Juli empfehlenswert). Stark zerfetztes Laub erst zwei Tage nach dem Hagelschlag einsammeln und zusätzliche Pflegemaßnahmen ergreifen, wie oben.

Starker Hagelschaden

Starke Schäden: Hier ist das Holz bis aufs Mark aufgeschlagen und zum Teil zerfetzt.

Behebung des Schadens: Kräftiger Rückschnitt, nach Ende Juli nicht mehr wegen zu starker Austriebanregung könnte dieses Holz nicht mehr ausreifen. In diesem Falle nur stark zerfetzte Triebe und Zweige herausschneiden und sämtliches vernichtete Laub einsammeln und entfernen. Hernach sofort mit Bodenpflege und gründlichem Pflanzenschutz einsetzen. Im Frühjahr kräftiger Rückschnitt, möglichst alles verletzte Holz herausschneiden.
Erlaubt der Zeitpunkt nach dem Hagelschlag keinen Rückschnitt mehr, dann beginnen sich die Hagelschlagzonen zu verkorken. Mittel bis stark beschädigtes Holz aber muß trotzdem beim Frühjahrsschnitt möglichst entfernt werden, so erreichen wir wieder kräftigen Austrieb. Auch extrem kräftige Hagelschläge vermögen, außer bei Stammrosen, kaum Rosenpflanzen vollständig zu vernichten, wenn deren Veredlungsstelle sich geschützt in der Erde befindet.
Bei größeren Rosenbeständen lohnt es sich, die Rosen bei einer Hagelversicherung versichern zu lassen, vor allem in Zonen mit öfterem Hagelschlag.

Trieb einer Climbingrose infolge ungenügender Stützvorrichtung geknickt

Holzschaden durch Knicken oder teilweisen Bruch

Ursache: Bruch und Knickung rühren meistens von ungeeigneter Placierung oder zu wenig Raum für die Kletterrosen her. Vor allem ist die ungenügende Höhe der Wandfläche oder der Pergolapfosten die Ursache. Wenn die übermäßig langen Rosentriebe diese überragen und gegen Wind und Regen keinen Halt mehr haben, knicken sie ab.

Schaden: Solange diese Triebe nicht vollständig gebrochen sind, ist der Schaden meistens gering, da an der verletzten Stelle eine Verkorkung stattfindet. Auch der über der Bruchstelle befindliche Teil kann sich ohne wesentliche Nachteile entwickeln.

Vorbeugung: Wahl geeigneter Standorte mit genügendem Entwicklungsraum, vor allem auch in die Höhe. Anbindemöglichkeiten verhindern solche Vorfälle. Ebenso ist regelmäßiges Anbinden der neuen Triebe notwendig.

Behebung des Schadens: Ist dieser so, daß die unter der verletzten Stelle befindlichen Triebe nicht mehr zu retten sind, dann müssen diese Teile unter dem ersten vollkommenen Auge unterhalb der Verletzung weggeschnitten werden. Meistens treibt dieses Auge kräftig aus, so daß der Schaden bald behoben sein wird.

Zapfen (Stummel), wie sie nur zu oft beim Rosenschnitt gemacht werden. Solche »blinde Zapfen« sterben ab und vernichten auch das darunterstehende Holz

Kranke und dürre Zapfen

Diese Erscheinung, die leider nur allzu häufig in den verschiedensten Rosenbeständen anzutreffen ist, ist ausschließlich auf ausgesprochene Schnittfehler zurückzuführen.

Entstehung: Wenn beim Schneiden der Rosen der Schnitt zu weit weg vom betreffenden Auge ausgeführt wird, entstehen solche Zapfen. Dieser Triebstummel besitzt dann infolge Fehlens eines Auges kein eigentliches Leben mehr und stirbt ab. Meist geht dann das diesem Zapfen am nächsten stehende Auge ebenfalls ein, wobei es Augen sind, auf die wir bei der Ausführung des Schnittes einen ganz besonderen Wert gelegt haben.

Verhütung: Diese ist immer möglich, wenn bei der Schnittarbeit exakt vorgegangen wird, das heißt die Ausführung des Schnittes stets 5 mm über einem Auge erfolgt. Jede Bildung von sogenannten blinden Zapfen muß unbedingt vermieden werden.

Behebung des Schadens: Solche Zapfen frühzeitig wegschneiden. Befindet sich dieser schon im Absterben, dann ist der betreffende Triebteil samt dem Auge über dem darunterliegenden Auge auf vollständig gesundes Holz zurückzuschneiden. So verhüten wir jeden größeren Schaden.

Reibschaden eines Kletterrosentriebes

Reibungsschaden

Reibungsschäden treten vorwiegend bei jenen Rosen auf, denen man durch Aufbinden einen Halt geben muß.

Ursache: Solche Verletzungen können nur dann entstehen, wenn beim Festbinden das Band ungenügend fest angemacht wird, so daß sich bei jedem Wind die einzelnen Triebteile bewegen und diese so sich entweder aneinander oder an der Bindeschnur, dem Pergola-Pfosten usw. reiben können. Bei den Strauchrosen entstehen solche Schäden dadurch, daß in zu lockeren Büschen sich stark kreuzende Äste und Triebe gegenseitig reiben, wodurch Verletzungen entstehen.

Vorbeugung: Wenn Kletter- oder Stammrosen angebunden werden, wird das Band so befestigt, daß eine Bewegung der angebundenen Triebe und Stämmchen nicht möglich ist. Bei den Strauchrosen müssen wir jedes Jahr beim Frühjahrsschnitt oder beim Auslichten und Herausschneiden dürren Holzes, sich kreuzende Äste so entfernen, daß eine gegenseitige Reibung weniger möglich ist.

Behebung des Schadens: Sofortiges Entfernen der stark verletzten Triebteile. Nur ausnahmsweise, wenn es um den Verlust eines wertvollen Pflanzenteils geht, lohnt es sich, die Reibstelle zu säubern und mit Baumwachs oder einer anderen Holzwundsalbe zu bestreichen.

Frostriß an einem einjährigen Rosenzweig

Risse in der Rinde bei Rosentrieben

Eher selten finden wir an Jungtrieben Risse in der Rinde.

Ursache: Diese treten vorwiegend in extrem gut gedüngten Beständen auf und wo während der Vegetationszeit plötzlich ein extrem starker Rückschnitt durchgeführt wurde, entweder durch Herausschneiden extrem langstieliger Rosen, oder wo während des Wachstums eine Verjüngung vorgenommen wurde.
Starke Spätfröste können zu einem solchen Aufreißen der Rinde und oft auch des Holzes führen.

Vorbeugung: Nie übertriebene Düngung und vor allem keine einseitige Stickstoff-Düngung. Während der Wachstumszeit extremen Rückschnitt vermeiden.

Behebung des Schadens: Die stark aufgerissenen Jungtriebe sofort wegschneiden, nur leicht defekte erst beim kommenden Frühjahrsschnitt entfernen.

Links: Holzschaden, verursacht durch sukzessives Betreten mit den Füßen
Rechts: Schaden, verursacht durch ein zu scharfes Bodenbearbeitungsgerät

Schäden durch mechanische Verletzungen

Das Holz der Rosen ist sehr empfindlich und leicht verletzbar.

Entstehung: Solche Schäden entstehen nur durch unvorsichtiges und flüchtiges arbeiten in den Rosenbeständen. Dies wird dadurch noch begünstigt, wenn unzweckmäßige Geräte verwendet werden.
Jede Verletzung der Rinde eines Rosentriebes, vor allem in der Nähe der Veredlungsstelle, kann zu großem Schaden führen, welcher zum vollständigen Eingehen einzelner Pflanzenteile bis ganzer Rosenstöcke führen kann.

Vorbeugung: Jede Pflegearbeit muß mit größter Sorgfalt und Rücksicht, vor allem auf die Pflanzen, aber auch den Boden ausgeführt werden.
Man wähle Werkzeuge, mit denen Verletzungen ausgeschlossen sind! Nur zuverlässige Leute bei den Rosen arbeiten lassen!

Behebung des Schadens: Nur wenige Schäden dieser Art können durch einen entsprechenden Rückschnitt behoben werden. Sind die Wurzelhalspartien stark beschädigt, dann müssen solche Pflanzen ausgewechselt werden, bevor sie eingehen und den Boden nachteilig beeinflussen.

Sonnenbrand an Blüten der Kletterrose 'Phare'
Links: Der Sonne zugewendet
Rechts: Von der Sonne abgewendet

Sonnenbrand an offenen Rosenblüten

Ursache: Im Hochsommer, bei starken Witterungsveränderungen wie zum Beispiel längere Perioden ohne Sonne, können bei plötzlich eintretender intensiver Besonnung die Blütenblätter geöffneter Rosen Schaden nehmen. Die Empfindlichkeit gegen eine solche Sonneneinwirkung, aber auch gegen extreme Sonne überhaupt, kann eine Sorteneigenschaft sein. Häufig sind es rote Rosen ('American Home') und andere.

Vorbeugung: Für empfindliche Sorten nie zu extrem sonnige Lage wählen! Andere Möglichkeiten bestehen keine.

Behebung des Schadens: Dies ist nicht möglich. Es empfiehlt sich jedoch von der Sonne beschädigte Rosen möglichst frühzeitig herauszuschneiden, um an deren Stelle so bald wie möglich neue Rosen zu bekommen. Durch die Gunst der Witterung dürfen wir hoffen, daß keine weiteren Schäden entstehen.

Infolge zu nahe am Auge ausgeführtem Rückschnitt entsteht ein »gestauchter« Austrieb

Stauchung des Neuaustriebes bei unvorsichtiger Entfernung der abgeblühten Rosen

Entweder werden die verblühten Rosen entfernt unter Zurücklassung von Triebstummeln, oder der Schnitt wird zu tief in das austreibende Auge vorgenommen. – Beides führt zu Schädigungen.
Triebstummel trocknen ein und bringen so das darunter befindliche Auge häufig zum Absterben. Ebenso bei zu tief ausgeführtem Schnitt.
Unter günstigen Wachstumsbedingungen können auch solche Augen noch austreiben, aber diese Triebe werden stark gestaucht, so daß sich keine vollkommene Blüte bilden kann.
Richtig wird die verblühte Rose so weggeschnitten, daß der untere Schnittansatz 5 mm über einem Auge vorgenommen wird, aber auch zu langer Rückschnitt hat Nachteile. Denn die Triebstummeln trocknen ein und bei nasser Witterung nisten sich darin Krankheiten ein.

Links: Austreibender Jungtrieb, noch mit Knospen des letzten Jahres
Rechts: Wenige Wochen nach Triebbeginn durch Frost- und Biseneinwirkung fast vollständig eingegangen

Schaden infolge Spätfrostes an letztjährigen Trieben

Ein milder Winter kann auch die noch weniger ausgereiften Holztriebe unversehrt bis zu Beginn des Frühlings durchbringen.

Ursache: Sobald der Austrieb beginnt und Kälteeinbrüche bis minus 7 °C, begleitet von Bisen, eintreten, können solche Holzpartien bis wenige Zentimeter über der Erde zugrunde gerichtet werden.

Vorbeugung: Um stärkeren Schaden zu verhüten, ist im Herbst in Gegenden ohne wesentlichen Schneeschutz bei den Buschrosen kein Rückschnitt vorzunehmen, und Rosen in Hauswandrabatten sind leicht mit Deckreisig vor der Sonne zu schützen. Hier darf der Boden nie trocken in den Winter gehen.

Behebung des Schadens: Um den entstandenen Schaden auf ein Minimum zu reduzieren, muß beim Frühjahrsschnitt unbedingt darauf geachtet werden, daß auf vollständig gesundes Holz zurückgeschnitten wird, welches grün sein muß und weißes Mark aufweist.

Der am unteren Bildrand sichtbare Holzdefekt führt zu »chlorotischem« Austrieb

Veränderter Austrieb bei geschädigtem Rosenholz

Regelmäßig beobachten wir bei Rosen nach dem Schnitt und dem Beginn des neuen Austriebes, daß einzelne Partien dieser Jungtriebe eine unnatürliche Verfärbung aufweisen.

Ursache: Zu diesem Zustand führt ein Defekt des Holzes, der sich unter den jeweiligen Augen befindet.
Diese Veränderung ist auf zwei Ursachen zurückzuführen. Frost- beziehungsweise Sonnenschäden, ausgelöst im Laufe des Winters oder Frühjahrs oder durch den Befall der Rindenfleckenkrankheit.
Dadurch findet ein mangelhafter Durchfluß von Wasser mit den gelösten Nährstoffen, wie der Assimilate (in Zuckerwasser aufgelöste Stärke), statt. Die Folge ist Verkümmerung bis zu vollständigem Eingehen dieser Triebteile.

Vorbeugung: Diese kann zum Teil durch einwandfreie Kulturmaßnahmen geschehen.

Behebung des Schadens: Sofort nach Feststellung eines solch unnatürlich veränderten Wachstums sind diese Triebteile bis auf vollkommen gesundes Holz sauber herauszuschneiden. So werden kaum Nachteile zurückbleiben.

Verfärbung der Epidermis an einjährigem Trieb einer Climbingrose

Verfärbung der Epidermis

Sehr häufig verunsichern den Rosenfreund Veränderungen der Epidermis (Abschlußgewebe) an meist einjährigen Trieben; man vermutet eine Krankheit.

Ursache: Diese Veränderung wird hervorgerufen durch meist zu engen Stand der einzelnen Triebe an ein und derselben Pflanze und bei den Kletterrosen infolge Kreuz- und Querbinden der Triebe, wodurch unweigerlich Reibstellen entstehen, die dann die sonst grüne Farbe an der Epidermis in einen krankheitsähnlichen Zustand verändern.

Vorbeugung: Beim Schnitt der Rosen dafür sorgen, daß die Triebe an ein und derselben Pflanze nie zu nahe nebeneinander stehen. Beim Anbinden der Kletterrosen möglichst jede Kreuzung der Triebe verhindern.

Schaden: Bei diesen Ursachen kann kaum von einem nennenswerten Schaden gesprochen werden. Nur bei stärkerer Verletzung des Abschlußgewebes können sich Krankheitserreger einnisten.

Behebung des Schadens: Bei der Schnittarbeit sämtliche stark veränderten Triebe oder Triebteile entfernen.

Einjährige Rosentriebe, links mit makellos weißem und rechts mit leicht gebräuntem Mark. Holz mit solchem Mark ist lebensfähig

Verfärbung des Markes beim Holz der Rosen

Bei vollständig gesunden Trieben und Zweigen der Rosen weist das Mark eine *weiße* Farbe auf. Zur Zeit des Frühjahrs-Rosenschnittes werden wir aber oft auf hellbraun bis dunkelbraun verfärbtes Mark aufmerksam.
Das Holz und auch die Augen (Knospen) sind, wie wir feststellen können, meistens noch intakt, in Wirklichkeit aber ist dieses schon nicht mehr vollständig lebensfähig. Schneiden wir diese Triebe nur bis auf das stark braune Mark zurück, dann werden wir beim Einsetzen des Triebwachstums bald feststellen, daß dieses sehr mühsam voranschreitet und die Blätter und Jungtriebe eine unnatürliche Verfärbung aufweisen.
Je nach Witterungsverlauf gehen dann diese Triebe nach kürzerer oder längerer Zeit vollständig ein. Wenn die Veredlung auf Stämmchen vorgenommen wird, bei welchen das Mark stark gebräunt ist, ist ein Okulationserfolg ausgeschlossen.

Ursache: Diese liegt vorwiegend in Frostschäden, hauptsächlich bei ungenügend ausgereiftem Holz (oft auch durch unrichtig angewendete Dünger) und starken Frosttagen und Nächten, nachdem im Frühjahr der Saftdurchfluß durch die Pflanzen schon begonnen hat. Selten sind auch Krankheiten, wie zum Beispiel Rindenflecken-Krankheit daran beteiligt.

Linkes Bild: Stark gebräuntes Mark mit vertrocknetem Holzring. Hier muß bis aufs weiße Mark zurückgeschnitten werden, solches Holz ist wertlos
Rechtes Bild: Zwei durch Frost (−25 °C) zerstörte Triebe der Kletterrose 'New Dawn'. Oben Mark und Holzring abgestorben, unten geschädigte Markumhüllung. Triebe in solchem Zustand sind nicht lebensfähig!

Behebung, respektive Vorbeugung gegen das Eingehen von Trieben und Zweigen: Dies geschieht auf einfache Weise, indem man es sich zur Pflicht macht, bei jeder Schnittarbeit *immer* bis auf das *weiße* oder nur *leicht gebräunte* Mark zurückzuschneiden. Vom Zustand des Holzes dürfen wir uns nicht verleiten lassen, der Zustand des Markes muß bestimmend sein. Dieser Rückschnitt hat auch dann kräftig zu erfolgen, wenn wir dazu eine gewisse Hemmung verspüren. Wenn wir beim Frühjahrsschnitt nicht korrekt vorgehen, dann haben wir den ganzen Sommer hindurch absterbende Triebe herauszuschneiden.
Diese Arbeit muß die ganze Vegetationszeit über fortlaufend durchgeführt werden. Es ist eine wertvolle Hilfe für eine Gesunderhaltung der Rosen und dient auch dazu, das Lebensalter zu erhöhen. Beim Herausschneiden kranker Triebe muß immer ein sauberer Schnitt ausgeführt werden, denn jeder befallene Triebstummel begünstigt die Entfaltung von Krankheiten.
Bei altem Holz, wo nur noch ein kleiner Markanteil vorhanden ist, muß auf die Farbe des Markes keine Rücksicht mehr genommen werden!

Durch Frost ausgelöster Schäden an normal ausgereiftem einjährigen Holz

Winterschäden durch Frost an normal ausgereiftem Holz

Der Winterschaden, vor allem bei den Hochgezüchteten, gehört zu den gefährlichsten Feinden der Rosen.

Ursache: Sorteneigenschaft und zu reiche Düngung begünstigen das Erfrieren des Holzes. Dies wird auch dadurch begünstigt, wenn das Holz der Rosen in vollem Saft in einen plötzlichen Winter eintreten muß.

Vorbeugung: Widerstandsfähige Sorten wählen, beim Düngen überlegt vorgehen, nicht überdüngen und nie extreme Stickstoffgaben verabreichen.
Beim Setzen der Rosenstöcke Veredlungsstelle immer 5 cm unter die Erdoberfläche bringen.

Schaden: Die Stärke des Zurückfrierens kann verschieden sein, je nach Zustand des Holzes und Verlauf des Winters. Das Zurückgefrieren der Rosentriebe erfolgt nicht jedes Jahr gleich stark, befindet sich die Veredlungsstelle im Boden, dann sind die Schäden weniger groß.

Behebung des Schadens: Eine solche ist effektiv mit einem exakt durchgeführten Rosenschnitt im Frühjahr ohne weiteres möglich.

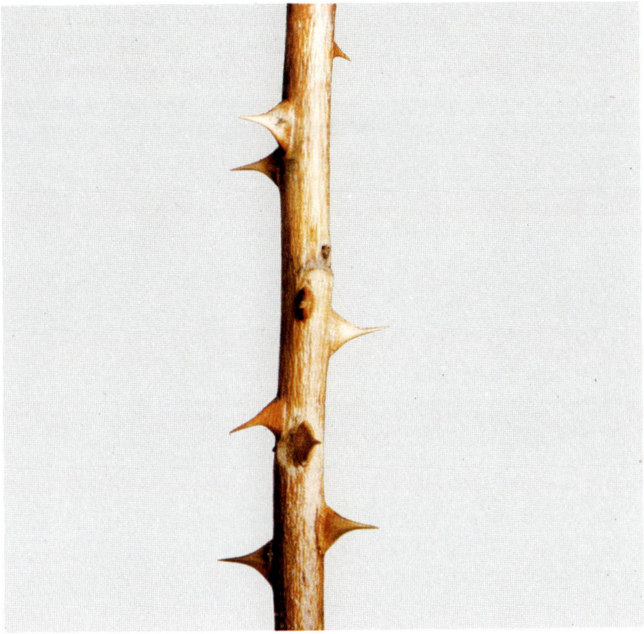

Nicht ausgereiftes Holz (sogenannte Spättriebe) vom Frost zerstört

Winterschäden durch Frost an nicht ausgereiftem Holz

Ursache: Meist durch unrichtige Düngerwahl und unzeitige Verabreichung der Dünger, kann das Holz der Rosen nicht genügend ausreifen.
Diese Erscheinung darf nicht als normal angesehen werden.

Vorbeugung: Verhütung von kräftigem Spätaustrieb durch frühzeitigen (ab Anfang Juni) Abbruch der Düngung. Bei der Düngerwahl besonders darauf achten, daß der Stickstoffanteil nicht zu hoch ist, eventuell zusätzliche Kaligabe (40 g je m^2). Im Laufe des Sommers keinen zu kräftigen Rückschnitt vornehmen.

Schaden: Solche Rosentriebe sind meist bis weit hinunter braun, oft bis auf die Veredlungsstelle.

Behebung des Schadens: Dieser kann nur aus einem sorgfältigen Rückschnitt bis aufs gesunde Holz oder nötigenfalls bis auf die Veredlungsstelle zurück bestehen. Bei derart geschädigten Rosenstöcken darf der Rückschnitt erst bei Triebbeginn ausgeführt werden, ansonst solche Pflanzen durch den Rückschnitt einen derartigen Schock erleiden, daß sie dann eingehen.

Über den Winter ersticktes Rosenholz, verursacht durch Anhäufeln mit schweren, nassen Materialien, solche Triebe sind tot

Winterschäden durch Erstickung des Holzes

Ursache: Anhäufeln von schwerer, extrem toniger Erde, gelagertem nassen Kuhmist oder viel nassem Schnee, eventuell sogar noch auf die Pflanzen geschaufelt. Meist ist bei solchen Erstickungsschäden das Holz ungenügend ausgereift.

Befall: Die nicht ausgereiften Triebe sind bis auf die Veredlungsstelle hinunter erstickt. Das Holz ist schwarz, oft ist sogar auch die Veredlungsstelle in Mitleidenschaft gezogen.

Schaden: Dieser kann sehr groß sein, wobei nicht nur solche Triebe eingehen, sondern oft ganze Pflanzen.

Vorbeugung: Erstens für gute Pflanzenkultur sorgen, möglichst Spättriebbildung verhüten. Jegliches Anhäufeln vermeiden. Als Bodendecke nur lockeres, strohiges Material verwenden.

Behebung des Schadens: Ist nur dann möglich, wenn die Veredlungsstelle noch intakt ist. Mit dem Zurückschneiden ist erst zu beginnen, wenn wir an den betroffenen Rosenstöcken einen Austrieb feststellen können.

Veränderungen durch chemische Einflüsse

Chemische Präparate werden für die verschiedensten Zweige in der Kultur der Rosen eingesetzt, so für die Bekämpfung von Unkraut, dem Pflanzenschutz in fungizider und insektizider Richtung, der Düngung im allgemeinen sowie der Blattdüngung. Eigentlich sollten hier Veränderungen des Aussehens der Rosenpflanze, respektive Schädigungen nicht vorkommen. Schädigungen treten nur dann ein, wenn bei der Herstellung der Brühen sowie der Anwendung und der Ausführung Fehler gemacht werden, zum Beispiel zu starker Strahl beim Spritzen, oder wenn der Witterungszustand ungenügend berücksichtigt wird. Dazu kommt, daß oft bei der Anwendung der Präparate willkürlich vorgegangen wird.
Solche Schädigungen können meistens nicht im ersten Anhieb wieder behoben werden. Die betroffenen Pflanzenteile, wie Blätter, Jungtriebe und auch die Wurzeln müssen zuerst wieder durch neue ersetzt sein, und bei den Wurzeln ist außerdem eine intensive Bodenpflege (Durchlüftung) und eventuell eine zusätzliche reichliche Durchwässerung notwendig.
Aus diesen Feststellungen heraus sehen wir deutlich, mit welcher Überlegung chemische Präparate zu verwenden sind. Es darf nie ein planloser Einsatz stattfinden. Zudem sind die Gebrauchsanweisungen stets aufs genaueste durchzulesen und zu studieren, bevor man sich entschließt, solche Präparate bei den Rosen einzusetzen. Die für das Ausbringen chemischer Mittel verwendeten Geräte müssen nach Gebrauch sorgfältig und gründlich gereinigt werden, damit keine Rückstände in diesen zurückbleiben. So können Schädigungen von dieser Seite her vermieden werden.
Die Schadensymptome, welche durch eine falsche Anwendung chemischer Präparate entstehen, sind je nach Präparat sehr verschieden. Deshalb wird vorsichtshalber über jeden Einsatz derselben genau Buch geführt, denn nur so wird es bei entstandenen Schäden möglich sein, unverzüglich die richtige Gegenmaßnahme einzuleiten. Dadurch sind wir nicht auf Mutmaßungen angewiesen und es geht keine Zeit verloren, bis die Behebung des Schadens eingeleitet werden kann, wodurch größere Schäden oder gar ein Eingehen von Pflanzen verhütet werden.

Ätzungen, verursacht durch unvorsichtiges Ausstreuen von Düngersalzen über die nasse Pflanze

Ätzungen an Rosenblättern durch mineralische Dünger

Zur Regulierung des Wachstums der Rosenpflanzen werden oft während des Wachstums mineralische Dünger verwendet, da diese rasch wirken.

Ursache: Ist man beim Ausbringen dieser Dünger unvorsichtig und die Blätter sind naß, dann bleiben die Dünger auf diesen haften.

Schaden: So entstehen Blätter, bei denen nur die Blattoberfläche, oft aber das ganze Blatt derart in Mitleidenschaft gezogen wird, wodurch diese absterben. Ähnlich geht es den zarten Trieben.

Vorbeugung: Diese ist einfach, indem man beim Ausbringen von Dünger bei Rosen im belaubten Zustand *niemals* Dünger über die Blätter fallen lassen darf!

Behebung des Schadens: Die beschädigten Blätter möglichst frühzeitig entfernen und einsammeln. In Mitleidenschaft gezogene Jungtriebe bis auf das volständig gesunde Triebteil einkürzen. So regen wir sofort neues Wachstum an und wir haben keinen längeren Verlust an Blättern.

Schaden, verursacht durch unzweckmäßige Anwendung von Kupferpräparaten bei empfindlichen Sorten

Kupferschaden

Kupfer wäre auch heute noch ein ideales Pflanzenschutzmittel für die Rosenkulturen.

Erträglichkeit und Ursache: Leider aber ertragen eine ganze Reihe von Rosenklassen und Rosensorten Kupferbehandlungen überhaupt nicht oder nur schlecht. Deshalb hat man in der modernen Pflanzenschutz-Chemie das Kupfer in Rosenspritz-Präparaten auf das äußerste Minimum reduziert oder aber auch vollständig weggelassen. Trotzdem kommt es immer wieder vor, daß Kupfer bei den Rosen verwendet wird. Dies führt dann zu eigenartigen Blattveränderungen, wo man dann vergeblich nach einer Krankheit sucht.

Schaden: Dieser wird vor allem dann augenfällig, wenn die mit Kupfer behandelten Rosenblätter lange Zeit nicht abtrocknen können. Dies kann sogar bis zum totalen Blattfall führen und schwächt so das allgemeine Wachstum.

Vorbeugung: Auf die Anwendung reiner Kupferpräparate in beblätterten Rosenbeständen ist zu verzichten. Hingegen können *vor* Austrieb Kupferspritzmittel in angezeigten Situationen immer noch erfolgreich eingesetzt werden.

Schaden, verursacht durch Unkrautbekämpfungsmittel als Folge ungenügender Reinigung der Spritzgeräte

Schäden durch unrichtige Wahl und Anwendung chemischer Unkrautbekämpfungsmittel

Weniger in Liebhabergärten als in den Erwerbskulturen werden zur Bekämpfung des Unkrautes chemische Präparate eingesetzt. Solche Mittel sind für die Anwendung bei Rosen abgestimmt und geprüft, so daß bei richtigem Einsatz absolut keine Schädigungen zu befürchten sind.
Trotzdem entstehen aber immer wieder Mißerfolge und beträchtliche Schäden.

Ursache:
1. Wahl ungeeigneter Präparate für Rosen
2. Anwendung zu einem unrichtigen Entwicklungszeitpunkt der Rosen
3. Ungenügende Rücksichtnahme auf die Art und den Zustand des Bodens sowie der Witterung
4. Ungenaue Anwendung, unrichtig in der Konzentration oder im Ausbringen
5. Ungenügende Vorsicht beim Ausbringen von Rasendünger mit dem Unkrautvertilger in der Nachbarschaft der Rosen
6. Zu wenig gründliche Reinigung der Spritz- und Gießgeräte nach deren Verwendung.

Schadbilder: Diese können je nach Wirksubstanz solcher Präparate verschieden sein:
1. Verkümmerung der Blattstiele und Verfärbung der Blätter
2. Verkrüppelung und Verkümmerung der Jungtriebe und Blätter

Wachstumsstauungen wegen Rasendünger mit unkrautbekämpfender Wirkung

3. Langsames Absterben einzelner Pflanzenteile bis zum totalen Eingehen ganzer Pflanzen oder Beete.

Vorbeugung: Sich vor jeglicher Anwendung chemischer Unkrautbekämpfungsmittel eingehend beraten lassen. Vor deren Ausbringen die Gebrauchsanweisung aufs genaueste studieren und nur nach diesen Angaben arbeiten, jegliche Abweichung hat zu unterbleiben. Beim Ausstreuen von Dünger mit chemischem Unkrautvertilger äußerste Vorsicht, auch nur leichter Düngerstaub kann bei den Rosen Schaden anrichten. Nach Gebrauch die verwendeten Geräte gründlich reinigen, unter Verwendung geeigneter lösender Hilfsstoffe.

Behebung eventueller Schäden: Bei frühem Erkennen eines solchen Schadens können größere Verluste meistens verhütet werden, indem in Mitleidenschaft gezogene Jungtriebe auf noch möglichst einwandfreie Blätter zurückgeschnitten werden.
Bei anderen Schadenssymptomen kann ein gründliches Durchwässern des Bodens helfen, nachher ist er trocknen zu lassen, worauf eine gründliche Bodenlockerung durchzuführen ist.
Sind solche besonderen Maßnahmen bis etwa Juni möglich, dann kann mit einer schwachen Gabe eines wasserlöslichen Stickstoffdüngers das Wachstum erneut angeregt werden. Behebungsmaßnahmen solcher Schädigungen sind dann erfolgreicher, wenn uns die angewendeten Präparate bekannt sind, wodurch eine Gegenmaßnahme gezielter eingesetzt werden kann.

Links Rosentrieb mit veränderten, ausgefransten Laubblättern, rechts Detail eines ausgefransten Laubblattes

Verformte Laubblätter

Häufig treten an den Rosen Erscheinungen auf, die uns vor Situationen stellen, bei denen man oft vergeblich nach deren Ursachen sucht und man sich deshalb in der Pflege verunsichert fühlt. Die »Fiederblätter« sind zum Teil ausgefranst und eigenartig verfärbt.

Ursache: Diese kann verschiedenartig sein. Einmal können Wuchsstoffpräparate diese Veränderung ausgelöst haben. Dann kann der Grund auch bei einer unzweckmäßigen Düngung liegen; bei einer evtl. Überdüngung im allgemeinen und durch Verwendung von Kehrichtkompost, der von Schwermetallen extrem stark belastet ist.

Schaden: Mit Schwermetallen angereicherter Kompost oder Abfall kann auch bei Rosen zu Totalschaden führen. Schon bei der ersten Wahrnehmung verdächtiger Symptome ist ein Umpflanzen in neues, gesundes Erdreich empfehlenswert.

Vorbeugung: Schon vor einer Rosenneupflanzung muß man sich über den Zustand des Bodens vergewissern. Mit der Düngung darf nicht übertrieben werden, nie einseitig zusammengestellte Dünger verwenden. In Rosenbeständen *keine* Wuchsstoffpräparate und Kehrichtabfälle verwenden.

Bekämpfung: Die stark veränderten Pflanzenteile möglichst frühzeitig herausschneiden. Eventuell die oberste Erdschicht durch gesunde Ackererde auswechseln. Bei evtl. Trockenheit reichlich wässern.

Blattschäden, verursacht durch Einwirkung chemischer Dämpfe

Schäden, verursacht durch Einwirkung von Dämpfen chemischer Stoffe sowie eventuelle Kontaktaufnahme mit diesen

Ursache: Werden in der Umgebung von Rosen Gartenzäune mit Karbolineum oder mit ähnlichen Präparaten behandelt, dann können solche Dämpfe, ohne Berührung der jungen, noch zarten Blätter, zu starken Blattschädigungen führen. Ebenso verursachen auch Salmiakdämpfe ähnliche Schäden.

Schaden: Dieser besteht im vollständigen Absterben der Blätter an der nächsten Stelle, wo solche Dämpfe entstehen.

Vorbeugung: Bei der Verwendung von Präparaten in der Nähe der Rosen, welche die Eigenschaft besitzen, mit ihren Dämpfen die Blätter zu beschädigen, ist größte Sorgfalt am Platze. Während der Anwendungszeit und einige Tage hernach sind die nächststehenden Pflanzen mit festem Papier gut zu schützen. – Nie bei großer Wärme anwenden!

Bekämpfung: Stark in Mitleidenschaft gezogene Zweige und Blätter entfernen, Triebe eventuell etwas einkürzen, wodurch sehr bald eine neue Blatt- und Triebbildung begünstigt wird.

Veränderte Rosenblätter infolge Wahl ungeeigneter (oder falscher Anwendung geeigneter) Pflanzenschutzmittel

Unzuträglichkeit von Spritz-, Spray- und Stäubemitteln

Immer wieder muß in der Praxis beobachtet werden, daß Blattschädigungen durch die Anwendung von Spritz-, Spray- und Stäubemitteln ausgelöst werden. Oft können ganz verheerende Schäden entstehen.

Ursache:

1. Empfindlichkeit einzelner Sorten auf gewisse Präparate
2. Unrichtige Kombination verschiedener Präparate
3. Ungenaue Herstellung der Spritzbrühen
4. Zu kräftiger Staubbelag auf Blättern, Zweigen, Blüten usw.
5. Wahl eines ungeeigneten Zeitpunkts der Behandlung, ohne Rücksichtnahme auf den Zustand der Pflanzen, auf zarte Triebe und Blätter, auf intensive Besonnung, auf anhaltende Feuchtigkeit nach der Behandlung (Kupfer usw.)
6. Zu starker Spritzstrahl (zu hoher Druck)
7. Zu nahes Aufsprühen von Spray-Präparaten auf die Pflanzen (Kälteschäden)
8. Verwendung verdorbener Präparate
9. Verwendung von Spritzbrühen, die einige Tage vorher hergestellt wurden und nicht mehr einwandfrei sind
10. Zu kurze Spritz- und Stäube-Intervalle (zu häufige Behandlungen)

Diese 10 Punkte zeigen uns, wie verschiedenartig die Schädigungen einer unrichtigen Anwendung von Spritz-, Spray- und Stäubepräparaten sein können.

Vorbeugung: Hieraus ziehen wir folgende Schlüsse:
1. Sich über die Zuträglichkeit der Spritzbrühen für einzelne Sorten aller Klassen orientieren, bevor solche angewendet werden.
2. Spritz-, Spray- und Stäubepräparate immer erst nach exaktem studieren der Gebrauchsvorschriften zum Einsatz bringen.
3. Bei Rosen, deren erste Blätter und Jungtriebe noch in krautartigem Zustand sind, die Anwendung von Spritz-, Spray- und Stäubemitteln solange hinausschieben, bis sie eine Behandlung ertragen, oder eventuell die Konzentration reduzieren!
4. Nie bei großer Hitze und voller Sonne Pflanzenschutzmittel anwenden.
5. Die Spritzbrühe gleichmäßig und fein verteilen, nicht aber mit scharfem Strahl direkt auf die Blätter führen; immer dafür besorgt sein, daß eine ausgebrachte Spritzbrühe noch vor dem Einnachten trocknen kann.
6. Reste von zubereiteten Spritzbrühen dürfen nur noch am darauffolgenden Tag verwendet werden.
7. Die Spritzgeräte sind nach jedem Gebrauch gut zu reinigen, wozu gut temperiertes Wasser, unter Beigabe eines sogenannten Netzmittels oder eines Abwaschmittels, verwendet wird. Rückstände irgend eines Präparates könnten ebenfalls zu Schädigungen führen.
8. Beim Vernichten leerer Packungen von Spritz-, Spray- und Stäubemitteln sind die Vorschriften des Wasserschutzes unbedingt zu beachten, ebenso beim Vernichten verdorbener Spritzbrühen.

Behebung eventueller Schäden: Solche Schäden können nur auf längere Sicht behoben werden, das heißt es vergehen einige Wochen, bis sie sich verwachsen haben. Oft aber erholen sich auf diese Weise geschädigte Pflanzen innerhalb einer Kulturperiode nicht mehr vollständig. Wir können durch eine fortgesetzte sorgfältige Pflege viel zur Behebung beitragen. Vor allem soll der Boden ständig locker gehalten werden. Stark geschädigte Blätter und Jungtriebe sind zu entfernen, respektive einzukürzen, um so den Neuaustrieb anzuregen und die Bildung neuer Blätter zu beschleunigen.
Beim Frühjahrsschnitt kann ebenfalls noch zur Stärkung des Austriebs beigetragen werden, indem der Auswahl des Holzmaterials ganz besondere Aufmerksamkeit geschenkt wird. Nur auf gesundes genügend kräftiges Holz zurückschneiden, wenn dabei auch der Rückschnitt etwas tiefer ausfallen sollte als gewohnt.

Einige Gedanken zum allgemeinen Pflanzenschutz

Es scheint, daß auch in der Pflege der Rosen versucht wird, den Weg einer naturgerechten Pflanzenkultur zu betreiben. Nach genauer Verfolgung, wie die Rosen schon seit 1922 ihrer Pflege unterzogen wurden, mußten die unterschiedlichsten Erfahrungen auch in dieser Hinsicht gesammelt werden.
Neben der Anpassung der Kultur an die jeweiligen Zeitepochen konnte immer wieder festgestellt werden, daß es unmöglich ist, Rosen als wirkliche Zierpflanzen im Garten zu besitzen, wenn nicht auch dem Pflanzenschutz eine ganz besondere Aufmerksamkeit geschenkt wird, und bei diesem müssen der Zeitpunkt, die anzuwendenden Präparate (org. u. chem.) sowie die Anwendungstechnik gegenseitig genau aufeinander abgestimmt werden.
Bevor wir aber damit beginnen, sei noch auf einige wichtige Voraussetzungen hingewiesen. Nur nach deren Berücksichtigung kann auch dem Pflanzenschutz Erfolg beschieden sein. Es handelt sich hier vor allem um eine einwandfreie Pflanzenkultur! Gesunde Rosenpflanzungen können wir nur erhalten, wenn wir für ihr Wohlbefinden keinen Einsatz scheuen! Um ein gefreutes Wachstum zu erreichen, muß vor allem der Wahl des Standortes und der Qualität sowie der Vorbereitung des Bodens ein bedeutender Wert beigemessen werden, worüber auf den Seiten 24 bis 28 eingehend eingegangen wurde! Nur wenn sich die Rosen an ihrem Standort richtig wohl fühlen, werden sie ein kräftiges und gesundes Wachstum entwickeln können. Daß dabei auch der Nährstoffversorgung des Bodens eine besondere Aufmerksamkeit entgegengebracht werden muß, sollte jedem Rosenpflegenden einleuchten! Mit aller Deutlichkeit sei darauf hingewiesen, daß wir gegen Krankheiten nur vorbeugend handeln können, sie können *nie* bekämpft werden. Gesunde, kräftig wachsende Rosen werden bedeutend weniger von Krankheiten befallen. Bemühen wir uns, entsprechende Kulturmaßnahmen einzuhalten, damit die Rosenpflanzungen sich von Natur aus möglichst lange gesund erhalten! Mit dem Pflanzenschutz gegen die Krankheiten muß unbedingt schon begonnen werden, solange die Rosenbestände noch *vollständig gesund* sind! Gegen die tierischen Schädlinge an den oberirdischen Pflanzenteilen wird in der Regel beim ersten Auftreten mit den Bekämpfungsmaßnahmen eingesetzt.
Vorteilhaft ist es, wenn bei der Wahl der Pflanzenschutzpräparate möglichst auf sog. kombinierte Mittel verzichtet werden kann!

Krankheiten

Kein Individuum ist gegen Krankheiten gefeit. Es scheint, daß in der Natur jedes Lebewesen um seine Erhaltung zu kämpfen hat.
Ist es darum verwunderlich, wenn auch die Rose mit ihrer wechselnden Entfaltung davon nicht verschont bleibt! Meistens wird diese Feststellung als ein großer Nachteil für die Kultur von Rosen empfunden. Kann dies aber nicht gerade ein gewisser Vorteil sein, denn durch dieses Wissen werden wir unsere Rosenkulturen unter schärferer Kontrolle halten, wodurch die Beziehung zu diesen Kulturen eine intimere wird und uns deshalb kaum etwas Anormales im Gesundheitszustand entgehen wird. Die Krankheiten bei den Rosen sind überaus vielfältig und in ihrer Entwicklung immer von spezifischen Umweltfaktoren abhängig wie vom Wetter, dem Standort der Pflanzen, der Durchlüftung derselben, ungeeignetem Zustand des Bodens, Wasserüberschuß und Wassermangel, der Düngung usw.
Harmonisch gedüngte Rosenpflanzen sind widerstandsfähiger gegen Krankheiten als einseitig oder gar überdüngte Rosenstöcke. Im vornherein kann schon eine Reihe von Vorbeugungsmaßnahmen gegen das Auftreten von Krankheiten ergriffen werden, um eine zu rasche und kräftige Entfaltung sowie Ausbreitung zu reduzieren.
Besteht trotzdem die Gefahr, daß Krankheiten auftreten, dann müssen vor allem frühzeitig Vorbeugungsmaßnahmen eingeleitet werden, ausnahmsweise sind Bekämpfungen notwendig. Die Wahl erfolgt von nur geeigneten Pflanzenschutzmitteln und die Anwendung dieser hat jeweils in der vorgeschriebenen Weise zu geschehen. Wer sich über das Aussehen und Verhalten der einzelnen Krankheiten orientieren läßt, hat die beste Aussicht auf einen Behandlungserfolg und dadurch werden sich die Rosenkulturen mit weniger Mühe in einwandfreiem Zustand präsentieren.
Bei der Anwendung biologischer Präparate sind öftere Behandlungen der Rosenbestände unumgänglich. Der Überwachung dieser Kulturen muß zusätzliche Aufmerksamkeit geschenkt werden.

Abfallen der Blütenknospen durch den Pilz Botrytis bei der Sorte 'Orange Triumph'

Abfallen der Blütenknospen (*Botrytis cinerea*)

Häufig festzustellen bei Polyantharosen. Langjährigen Beobachtungen zufolge handelt es sich um eine Erscheinung, welche nur bei einzelnen Sorten in starkem Maße auftritt, zum Beispiel 'Orange Triumph', 'Gabriele Privat', 'Red Triumph' und anderen. Oft bereits auf den Anzuchtfeldern der Rosenschulen auftretend, wie auch in den Hausgärten.

Ursache: Der verursachende Pilz entfaltet sich vorzugsweise bei kühler Witterung oder an weniger günstigen Standorten, in der Nähe von großen Sträuchern oder Bäumen, wo die Rosen längere Zeit feucht bleiben.

Befall: Es werden hauptsächlich die Rosenknospen dieser kleinblumigen Sorten befallen. Sind die Knospen infiziert, so wuchert dieser Pilz bis in die Blütenstiele hinunter und verursacht das Abfallen der Blütenknospen.

Schaden: Dieser kann ganz beträchtlich sein, indem bei stärkerem Befall bis zu 2/3 aller Knospen einer Blütendolde abfallen.

Vorbeugung: Diese empfindlichen Sorten sind nur an einen gut durchlüfteten Standort, nie aber in Baum- oder Sträuchernähe zu plazieren.

Bekämpfung: Angezeigt ist eine regelmäßige, gründliche Behandlung der Knospenpartien mit entsprechenden Fungiziden.

Andere Ursachen des Abfallens und der Schädigungen von Blütenknospen

Blütenknospen können bei sämtlichen Rosenarten- und Sorten, in sozusagen allen Entwicklungsstadien, von der Pflanze abgestoßen werden oder sonstigen Schaden nehmen, der ein Öffnen der Blüte verhindert. Die Ursachen sind sehr oft physiologischer Natur, etwa ungeeigneter Standort, Witterung, oder auch unrichtige, einseitige Düngergaben, vor allem mit organischem Stickstoff. Auch unzweckmäßige Pflanzenschutzmaßnahmen bewirken Knospenfall. Dabei ist es wichtig zu wissen, daß sowohl biologische wie chemische Präparate das Abfallen oder eine Beschädigung der Blütenknospen verursachen können.

Vorbeugung: Schon beim Anlegen von Rosenanlagen, Beeten usw. muß auf Standort und Boden größtes Gewicht gelegt werden. Bei jeder Pflegearbeit sind die abgewogensten Maßnahmen zu ergreifen. Nur so werden wir den gefürchteten Knospenschädigungen ausweichen können.

Bakterienkrebsgeschwulst an mehrjährigem Rosentrieb.

Bakterienkrebsgeschwülste (*Agrobacterium tumefaciens*)

Neben den Rosen werden noch weitere Zierpflanzen wie Rhododendron, Pelargonien, Dahlien usw. befallen.

Ursache: Diese befindet sich meist in der Erde, oder die Bakterien werden mit verseuchter Erde zu den Pflanzen gebracht. Durch ungünstige Wachstumsbedingungen wird deren Entfaltung gefördert. Auch durch Frost und von der Rindenfleckenkrankheit geschädigte Pflanzen begünstigen die Entwicklung.

Schaden: Die vom Bakterienkrebs befallenen Rosenstöcke werden stark geschwächt, die Blühwilligkeit läßt nach, und die befallenen Triebteile oder ganze Pflanzen gehen ein.

Vorbeugung: Rosen nur in gesunde und wenn möglich in unverbrauchte Erde pflanzen. Beim ersten Befall die angesteckten Pflanzenteile oder die ganzen Pflanzen entfernen. Zu extreme Stickstoffdüngung unterlassen.

Bekämpfung: Eine direkte Bekämpfung ist kaum möglich.

Rosenzweig von Bakteriose befallen (krebsähnliche Wucherungen an der Basis der Stacheln)

Bakteriose (*Agrobacterium tumefaciens*)

Ursache: Das Bakterium dringt durch Verletzungen (Wunden) in die Pflanzenteile ein, und regt die Zellen zu intensiver Teilung und starker Veränderung an. Daher entstehen krebsähnliche Geschwülste; die Zellen bleiben aber trotzdem weiterhin lebensfähig. Solche Wucherungen bleiben trocken und fühlen sich hart an.

Befall: Es werden so ziemlich alle Pflanzenteile befallen, die auch nur sehr kleine Verletzungen aufweisen.

Schaden: Nicht nur bei den Rosen, sondern bei den verschiedensten Gehölzen kann das Bakterium bei stärkerem Auftreten großen Schaden verursachen, indem befallene Pflanzenteile oder auch ganze Pflanzen zum Eingehen gezwungen werden.

Vorbeugung: Hauptaufgabe besteht in einer möglichst vollumfänglichen Verhütung von Verletzungen. Hygiene in den Rosenbeständen. Ordnung und Sorgfalt bei den Pflegearbeiten.

Bekämpfung: Eine direkte Bekämpfung ist nicht möglich. Befallene Pflanzenteile wegschneiden, befallene Pflanzen aus den Beeten entfernen und vernichten. Eventuell Rosen in neue Erde umpflanzen.

Fleckiges Rosenholz der Strauchrose ‘Sparrieshoop’

Braunrot fleckige Rosentriebe (*Botrytis cinerea*)

Oft findet man beim Frühjahrsschnitt der Rosen Triebteile, die stark braunrot fleckig sind.

Ursache: Die Neigung zu dieser pilzverursachten Beeinträchtigung ist eine typische Sorteneigenschaft (Rosa lambertiana ‘Sparrishoop’ und andere). Wir stellen sie vor allem bei extrem kräftigem und mastigem Holz fest.

Befall: Es werden vorwiegend die letztjährigen, nicht genügend verholzten (ausgereiften) Triebe in den unteren Pflanzenpartien von der Botrytis befallen.

Schaden: Ein solcher wird durch diesen Pilz kaum oder nur ein ganz unbedeutender ausgelöst.

Vorbeugung: Man wähle einen freien Standort, wende keine einseitige und übertriebene Düngung an und behandle bei der Durchführung des fungiziden Pflanzenschutzes auch das Holz.

Bekämpfung: Eine spezielle Bekämpfungsmaßnahme ist kaum notwendig.

Blätter und Knospenhals von echtem Mehltau befallen

Echter Rosenmehltau (*Sphaerotheca pannosa* var. *rosae*)

Ursache: Temperaturen über 20 ° Celsius, mit entsprechend hoher Luftfeuchtigkeit, begünstigen die Entwicklung. Ebenso schlecht durchlüftbarer Standort.

Befall: Alle jungen Pflanzenteile, wie Blätter, Triebe und Knospen werden von ihm befallen.

Schaden: Das allgemeine Weiterwachsen wird stark gehemmt, befallene Blätter sowie zarte Triebe und Knospen werden deformiert und trocknen allmählich ein. Blätter fallen ab, was zu einem ungenügenden Ausreifen des Holzes führt.

Vorbeugung: Wahl geeigneter Standorte, wo die Rosen durch genügende Dürchlüftung von Tau und Regen jeweils rasch abtrocknen. Mehltauwiderstandsfähige Sorten wählen. Nie zu einseitige Stickstoffdüngung. Verhütung der Überwinterung des Mehltaues, die am Holz durch intensiven und exakten Pflanzenschutz erfolgt, Spätbehandlungen.

Bekämpfung: Vom Beginn der Knospenbildung an bis zum Abschluß des allgemeinen Wachstums in regelmäßigen Zeitabständen mit einem wirksamen Mehltau-Präparat behandeln.

Triebstück der Kletterrose 'Crimson Rambler' mit überwintertem echtem Mehltau aus Spätbefall

Echter Mehltau (*Sphaerotheca pannosa* var. *rosae*) am Rosenholz überwintert

Solche Feststellungen sind die Ursache eines starken Spätbefalls sowie eines ungenügenden Einsatzes des Pflanzenschutzes. Dieser Pilz konnte vor der Einwinterung nicht mehr abgetötet werden.
Derartige Vorkommnisse sind für den Rosengarten nicht rühmlich. Sicher ist, daß dadurch Frühmehltau-Invasionen ausgelöst werden.

Vorbeugung: Während der ganzen Vegetationszeit sind systematische Maßnahmen gegen das Auftreten des Mehltaus zu ergreifen.

Bekämpfung: Von Mehltau befallene Triebteile vor der Einwinterung herausschneiden und eine Winterspritzung einleiten.

Falscher Mehltau an der Blattunterseite

Falscher Rosenmehltau (*Peronospora sparsa*)

Ursache: Tritt vor allem bei anhaltend feuchtwarmer Witterung und starken Temperaturschwankungen im Spätsommer und in ungenügend durchlüfteten Anlagen auf.

Befall: Es werden vorwiegend die Blätter, vor allem die Blattunterseiten, weniger stark die Blattoberseiten davon befallen.
Ein grauweißer Schimmel weist auf seine Anwesenheit hin. Später bilden sich gelbbraune bis blaurote Flecken.

Schaden: Das Wachstum der befallenen Pflanzenpartien wird gehemmt. Die befallenen Blätter verwelken und fallen ab. Bei starkem Auftreten können auch ganze, junge Pflanzenteile absterben. Weitere Folge: schwacher Trieb im folgenden Jahr.

Blätter und Blüten von echtem Mehltau befallen

Vorbeugung: Gut durchlüftete Lage und ebenso gut gelockerten Boden wählen sowie widerstandsfähige Sorten verwenden!
Harmonische Düngung, ohne extreme Stickstoffgaben. In Hauswandrabatten für genügende Feuchtigkeit sorgen!
Gefährdete Anlagen kurz vor der Knospenbildung in regelmäßigen Zeitabständen mit einem für den falschen Mehltau geeignetem Mittel gründlich spritzen, besonders die Blattunterseite.

Bekämpfung: Eine solche ist bei einem Befall kaum mehr möglich. Stark befallene Pflanzenteile herausschneiden, kranke Blätter nicht abfallen lassen, um eine Neuinfektion im nächsten Jahr zu verhindern. Dann mit geeigneten Mitteln den ganzen Rosenbestand gründlich durchspritzen, um eine weitere Ausdehnung zu unterbinden.

Fusarium-Befall an den Wurzeln

Fusarium-Krankheit

Es handelt sich hier um eine Gattung mit vielen Untergruppen.

Ursache: Diese Bodenpilze leben meist auf absterbendem oder totem Pflanzenmaterial. Sie fördern den Abbau organischer Substanzen. Einige Gruppen sind auch befähigt, sich auf vollständig gesunden Pflanzenteilen auszubreiten.

Befall: Ihre Verbreitung erfolgt durch Wind und Regen. Sie können zwar nur in Wunden existieren, dies aber an verschiedensten Pflanzenteilen wie z. B. an Stämmen, Ästen, Zweigen, Wurzeln, Früchten usw.

Schaden: Ihr Schadenbild kann verschiedenster Art sein; welke kleine kränkliche Laubblätter, oft fleckig serbelnde Pflanzen usw. Durch Verhinderung des Saftaufstieges und des allgemeinen Saftdurchflusses können Pflanzen zum Welken und Absterben gezwungen werden. Aber auch die Ausscheidung von Giftstoffen (Toxine) durch den Pilz kann das allgemeine Wachstum stark in Mitleidenschaft ziehen. Bei den befallenen Rosenwurzeln entsteht Fäulnis.

Vorbeugung: Größte Sorgfalt bei der Pflege der Rosenbestände, jegliche Verletzung an allen Pflanzenteilen verhindern, vor allem von *Wurzeln.*

Bekämpfung: Ist einmal mit Sicherheit Fusariumbefall festgestellt, dann die Pflanzen sofort mit sämtlichen Wurzelteilen aus den Beeten entfernen und vernichten. Für eine Neupflanzung ist ein gründlicher Erd- oder Standortwechsel notwendig.

Die hautartigen, weißen Pilzgewebe des Hallimasch, in der Rinde sichtbar, zerstören die befallenen Holzteile

Hallimasch (*Agaricus melleus*)

Hier handelt es sich um einen Wurzelpilz, dem man leider viel zu wenig Beachtung schenkt und sein Vorhandensein meist zu spät wahrnimmt.

Ursache: Der Pilz kommt hauptsächlich in älteren Rosenbeständen vor, wo sich viele absterbende Pflanzen befinden und mit unreifer Komposterde gedüngt wurde. Auch alle im Boden zurückgebliebenen Wurzelteile abgestorbener Rosenstöcke begünstigen seine Entfaltung.

Befall: Der Wurzelhals und die Wurzeln aller Grade werden vom Hallimasch befallen.

Schaden: Zwischen Rinde und Holz befindet sich ein hautartiges Pilzgewebe. Die Rinde geht in Fäulnis über und auch das Holz wird in Mitleidenschaft gezogen. Die von Hallimasch sich bildenden Wurzelstränge (Rhizomorphen) befallen benachbarte Rosenstöcke und auch andere Holzpflanzen.

Vorbeugung: Nasse, schwere, undurchlässige und schlecht durchlüftbare Böden unbedingt meiden.

Bekämpfung: Entfernen aller befallenen Pflanzenteile, keine Rückstände im Boden belassen.

Grauer Pilzrasen der Knospenfäule zerstört die Blüten vollständig

Knospenfäule (*Botrytis cinerea*)

Diese Krankheit, welche früher vorwiegend nur die sich öffnenden Knospen befiel, hat sich nun auch auf die Blätter und Triebe ausgebreitet und ist eine gefährliche Rosenkrankheit geworden. Dieser Pilz kann durch die Bildung von Sclerotien (Myzelballungen) längere Zeit überdauern.

Ursache: Seine Entfaltung wird vor allem durch anhaltend feuchte Witterung begünstigt. Da dieser Pilz auch auf abgestorbenen Pflanzenteilen lebt, ist seine Ausbreitung leicht möglich. Dadurch können sich Sporen (Fortpflanzungskörper) während der ganzen Vegetationszeit in der Luft befinden.

Schaden: Die von der Botrytisfäule befallenen Pflanzenteile werden nutzlos und schwächen die Pflanzen, vor allem gehen durch sie viele Blüten verloren.

Vorbeugung: Vermeidung von zu schattigen und feuchten Lagen, Verhütung von zu einseitiger Stickstoffdüngung. Bei der Spritzung der Rosen besonders auch die Knospenpartien sorgfältig und gründlich behandeln.

Von der Knospenfäule (Botrytis) zerstörter Blatteil auf der Blattmittelrippe. Infektion durch den Sternrußtau (dunkler Fleck)

Blattfäule (*Botrytis cinerea*)

Es handelt sich um einen Pilz, der meistens von den Blütenblättern seinen Ausgang nimmt. Sobald sie abfallen und auf den unteren Laubblättern liegen bleiben, entfaltet sich dieser Pilz sehr rasch und infiziert dann auch die Laubblätter. Bei anhaltenden Regenperioden kann dann die Botrytis verheerenden Schaden anrichten.

Bekämpfung: Entfernen jeglicher im Abfallen begriffener Blütenblätter und Laubblätter, sowie ununterbrochenes Beseitigen sämtlicher befallenen Pflanzenteile. Gründliche Behandlung mit geeigneten Pflanzenschutzmitteln. Bei starkem Befall zusätzlich Kalidüngung (Kalimagnesium), 40 g je m^2 ab Mai/Juni.

Knospenhals und Blütenstiel von der Botrytis befallen

Knospenstielfäule (*Botrytis cinerea*)

Ursache: Feuchte Witterung sowie Temperaturschwankungen begünstigen diese Krankheit. Im Spätsommer kann sie auch in den Rosenzuchtfeldern vorkommen.

Befall: An den noch krautigweichen Knospenstielen zeigen sich anfänglich bräunliche, später schwarze Rindenverfärbungen. Bei starkem Befall werden die Stiele oft umgürtelt, so daß die Knospen herunterhängen.

Schaden: Starker Befall kann verheerenden Verlust an Rosenblüten bringen.

Vorbeugung: Man wähle gut durchlüfteten Standort. Fortlaufend sind alle von der Krankheit befallenen Pflanzenteile aus den Kulturen zu entfernen und zu vernichten.

Bekämpfung: Systematischer Pflanzenschutz.

Krebswucherungen, ausgelöst durch mechanische Verletzung

Krebswucherungen (*Nectria galligena*)

Ursache: Ihren Ausgang nimmt sie an Wunden, bei denen eine Kallusbildung (Wundgewebe) stattgefunden hat. Dieses bildet sich durch eine aktive Zellteilung oder durch Zellvergrößerungen. Tritt in einer solchen Wundgewebebildung (Überwallung von Wunden) eine Störung des Wachstums ein, zum Beispiel durch Frosteinwirkung oder durch Nectria-Pilze, dann verläuft der Heilungsprozeß unregelmäßig. Greift Nectria-Pilz das Kambium an, dann wird die Zellteilung beschleunigt, die Wunden werden größer und es sind krebsartige Wucherungen festzustellen.

Befall: Dieser tritt überall auf, wo Verletzungen sind, vorwiegend in der Wurzelhalsgegend.

Schaden: Geschädigte Pflanzen sind meistens verloren.

Vorbeugung: Jegliche Holzverletzungen verhüten! Nicht mehr zu rettende Pflanzen sind möglichst frühzeitig aus den Rosenbeständen zu entfernen.

Bekämpfung: Diese ist nur im Anfangsstadium möglich, indem die Wunden gereinigt und dann mit einer Wundverschlußpaste oder dergleichen verschlossen werden.

Einjähriger Kletterrosentrieb mit starkem Befall durch Rindenfleckenkrankheit

Rindenfleckenkrankheit (*Coniothyrium wernsdorffiae* u.a.)

Ursache: Diese Krankheit verhält sich ähnlich der Brombeer-Rutenkrankheit und ist stark verbreitet. Besonders gerne werden die Climbing-Rosen an sonnigen Standorten, ebenso die zu mastig kultivierten Buschrosen aller Klassen befallen.

Befall: Die vorjährigen Triebe werden vorwiegend in der Gegend der Augen von der Rindenfleckenkrankheit heimgesucht. Häufig kann diese Krankheit auch bei frisch okulierten Rosenstämmen das eingesetzte Auge derart schädigen, daß es abstirbt.

Schaden: Die befallenen Triebe sind meist nicht zu retten, denn durch den Befall dieses Pilzes werden die Rinden und Bastteile vollständig durchwuchert, so daß jene Teile über der Befallstelle absterben müssen.

Vorbeugung: Übermäßige und zu späte Stickstoffdüngung vermeiden, Winterspritzung durchführen, vor Austrieb evtl. mit Kupfer behandeln.

Bekämpfung: Erkrankte Pflanzenteile sofort nach deren Feststellung über vollständig gesunden Triebteilen wegschneiden und die Wunde mit einer Baumwundsalbe verschließen.

Rosenblatt mit Flecken, ausgelöst durch die Rosenblattfleckenkrankheit

Rosenblattfleckenkrankheit (*Sphaceloma [Phyllosticta] rosarum*)

Ursache: Eine Krankheit, die weitgehend mit dem Standort zusammenhängt, und zwar in eher feuchter Lage und wo Nachbarpflanzen das Abtrocknen der Rosenblätter erschweren (Trauf vermeiden).

Befall: Die Blätter können nur vereinzelt, aber auch reich mit verschieden geformten Flecken versehen sein.

Schaden: Starker Befall kann bis zu totalem Blattfall führen.

Vorbeugung: Wahl geeigneter Standorte für Rosen. Von der Krankheit befallene Blätter unbedingt einsammeln und vernichten.

Bekämpfung: Bei der allerersten Feststellung des Auftretens unverzüglich mit entsprechenden funigiziden Präparaten gründlich spritzen und nach 2 Wochen wiederholen.

Vom Rosenrost befallene Blätter, Unter- und Oberseite, sowie einjähriger Trieb

Rosenrost (*Phragmidium mucronatum*)

Rosenrost ist eine Krankheit, die ganz sporadisch auftreten kann und vor allem Rosenbestände mit zu weiten Pflanzenbeständen bevorzugt.

Ursache: Kühle und feuchte Standorte, Perioden mit längerer Feuchtigkeit, ohne daß die Blätter in der Zwischenzeit abtrocknen können, begünstigen die Entfaltung dieser Krankheit. Diese kann unter solchen Umständen eine gefährliche epidemische Ausbreitung erfahren.

Schaden: Die auf der Blattunterseite sich stark ausdehnenden Sporenlager (Fortpflanzungskörper) können zu plötzlichem Blattfall führen. Dadurch werden die Rosenpflanzen stark geschwächt, was sich auf die Frostwiderstandsfähigkeit und den Blütenreichtum nachteilig auswirkt.

Vorbeugung: Wahl geeigneter, gut durchlüfteter Standorte. Extrem rostanfällige Sorten meiden! Für genügende Kaliversorgung des Bodens sorgen. Bei vermutbarer Infektionsgefahr (Witterungsumstände) sofort mit einem gegen Rosenrost geeigneten Pflanzenschutzmittel gründlich spritzen. Unbedingt dafür sorgen, daß keine vom Rost befallenen Blätter auf dem Boden überwintern, ebenso sind alle befallenen Triebe vor der Einwinterung wegzuschneiden, da überwinterte Sporen sich leicht wieder vermehren.

Wintersporen (Teleutosporen) des Rosenrostes. Es handelt sich hier um die Überwinterungsform der Verbreitungsorgane dieses Rostes

Bekämpfung: Befallene Blätter einsammeln und vernichten. Eventuell schwach geschädigte Triebe leicht einkürzen. Nach der Säuberung den ganzen Bestand, auch die gesunden Pflanzen, gründlich spritzen und den Boden locker halten.
Vor allem vor der Einwinterung sind die Pflanzenbestände und der Boden zwischen den Rosenstöcken von den durch Rost befallenen Blättern zu befreien. Ferner ist eine Winterbespritzung mit einem Schwefelpräparat durchzuführen, wobei auch die Erde abzuspritzen ist. Bei Rostbefall darf im Herbst der Boden nicht bearbeitet werden. Denn dadurch würde der Überwinterung der Wintersporen des Rosenrostes nur Vorschub geleistet.

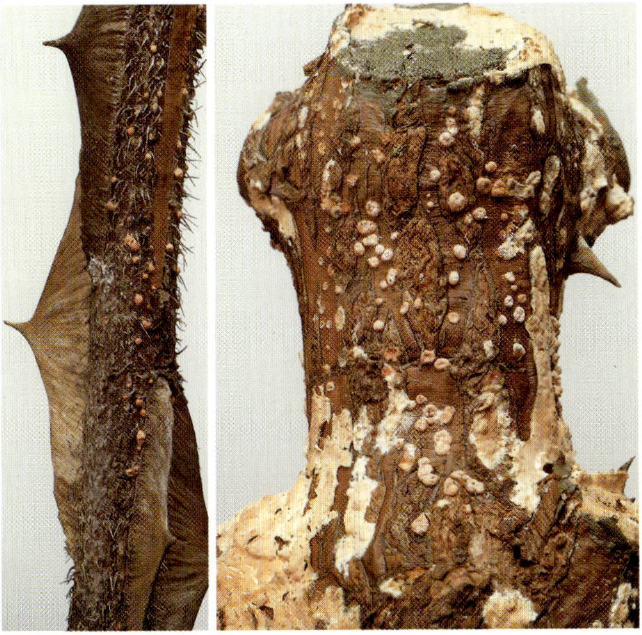

Rotpustelkrankheit. Links an zweijährigem Trieb der Strauchrose (*R. omeiensis* f. *pteracantha*), rechts an mehrjährigem Triebstummel (Zapfen) einer Kletterrose in stark fortgeschrittenem Stadium

Rotpustelkrankheit (*Nectria cinnabarina*)

Ursache: Erscheint vorwiegend in Strauchrosenbeständen, die ungenügend gelichtet werden, so daß die Rinde an den alten Trieben kaum noch abtrocknen kann.

Schaden: Bei diesem Pilz handelt es sich um einen sog. Schwächeparasit. Er befällt neben Rosen die verschiedensten Sträucher, vor allem auch die roten Johannisbeeren.
Bei stärkerem Auftreten kann er schon zweijährige Triebe befallen, die der Pilz rasch zum Absterben zwingen kann.

Vorbeugung: Die Rosensträucher alljährlich genügend auslichten, damit alle Triebe immer wieder rasch abtrocknen können. Beim Herausschneiden niemals Stummeln (Zapfen) stehen lassen.

Bekämpfung: Jährlich einmal im Spätherbst oder Februar/März die sog. Winterbespritzung durchführen, nie bei Frostwetter.

Einzelblatt rechts und oben vom Rußtau überwachsen, unten rechts und die beiden Einzelblätter links mit Thripsschaden

Rußtau (*Apiosporium salicinum [Fumago vagans]*)

Ursache: Der Rußtau tritt als Folge des Befalles von Blattläusen, Blattsaugern und Schildläusen auf. Diese Läuse entnehmen vorwiegend aus den Siebröhren der Pflanzen den Saft. Da dieser sehr zuckerhaltig ist, müssen die Läuse einen Teil des Kohlehydratüberschusses als »Honigtau« ausscheiden.

Befall: Auf dem ausgeschiedenen Honigtau auf den Blättern, siedeln sich Pilze an und durch das Wachstum derselben bildet sich dann ein schwarzer Überzug, der »Rußtau«.

Schaden: Dieser ist nicht sehr bedeutend. Durch den schwarzen Belag auf den betreffenden Pflanzenteilen wird die Assimilation gehemmt. Zudem werden diese Pflanzen in ihrem Aussehen benachteiligt.

Vorbeugung: Unbedingte und exakte Bekämpfung aller Läuse, während der ganzen Vegetationszeit.

Bekämpfung: Eine direkte Bekämpfung ist nicht möglich.

Abgestorbenes Rosentriebstück, von Schleimpilzen (Myxomyceten) befallen (polsterförmige Krusten auf der Epidermis)

Schleimpilze (*Myxomyceten*)

Die Schleimpilze gehören zu den primitivsten Organisationsstufen unter den Pilzen; ihr Artenreichtum ist enorm groß. Wie der Name »Schleimpilz« sagt, handelt es sich hier um eine schleimige Plasmamasse. Sie bewegen sich unter laufender Veränderung ihrer Form auf dem Boden, auch auf absterbenden Materialien wie Blättern, Stroh, Holz usw. Die Schleimpilze können die meisten Gartenpflanzen befallen.

Ursache: Zu extreme Humusierung, Zufuhr von nicht verrottetem Material. Liegenlassen von Schnittholz beim Schneiden der Rosen, von Laubblättern und Blütenblättern. Stehenlassen von schädlings- und krankheitsbefallenen Triebteilen, die sich im absterbenden Stadium befinden.

Schaden: Der Schaden wirkt sich zwar im allgemeinen nur auf indirekte Art aus, indem die Pilze den von ihnen befallenen Pflanzenteilen Licht und Luft entziehen. Geschwächte Triebteile werden zum vollständigen Absterben gezwungen.

Vorbeugung: Nicht Erde oder Laub aus dem Wald in die Rosenbestände bringen, da diese Waldprodukte meist von Schleimpilzen infiziert sind. Keine abgestorbenen Rosenstrünke in den Beeten belassen. Sämtliche kranken und von Schädlingen befallenen Holzteile während den jeweiligen Vegetationsperioden herausschneiden und vernichten.

Bekämpfung: Sie ist nur möglich durch regelmäßiges und vollständiges Entfernen der Schleimmassen und deren Vernichtung.

Blatt, von Sternrußtau befallen

Sternrußtau (Strahlenpilz) (*Marssonina rosea*)

Er muß zu den hartnäckigsten Rosenkrankheiten gezählt werden. Kaum eine Krankheit befällt so viele Rosenarten und Sorten wie der Sternrußtau. Viele früher als resistent erwähnte Sorten sind heute ebenfalls anfällig. Es gibt nur wenige, die ihm gegenüber ziemlich resistent sind, so z. B. die Kletterrose Rosa kordesii Wulff, dann auch die Wichuraiana- Hybriden. Überhaupt sind Kletterrosen älterer Klassen widerstandsfähiger als die heute stark verbreiteten sogenannten Climbingrosen.

Ursache: Standorte mit kaltem, stark tonhaltigem, eher humusarmem Boden und wasserundurchlässigem Untergrund begünstigen die Krankheit in ihrer Entwicklung. Andererseits können aber auch extrem trockene Standorte die Krankheitsentfaltung fördern, vor allem bei Rosa rugosa und ihren Hybriden. In Perioden, in welchen die Pflanzen längere Zeit naß bleiben, oder bei ungünstiger Wahl der Zeit zur künstlichen Bewässerung (z. B. starkem Sonnenschein), kann sich der Sternrußtau explosionsartig ausdehnen. Einige aufeinanderfolgende kühle Nächte nach Niederschlägen begünstigen ebenfalls die Entwicklung.

Schaden: Der Schaden kann im Frühsommer, nachdem sich die Rosenblätter vollständig entwickelt haben, auftreten; vor allem aber im Spätsommer und Herbst kann er katastrophale Folgen haben.
Die auf den Blättern sich bildenden kleineren und größeren violettbraunen bis schwarzen Flecken, die am Rand strahlenförmig auslaufen, bewirken das Vergilben und

spätere Abfallen der Blätter. Dadurch werden die Rosenpflanzen stark geschwächt, was sich auf den Blütenreichtum und die Entwicklung des Holzes nachteilig auswirkt. Bei frühem und starkem Befall kann sich die Schwächung nicht nur auf das Befalljahr, sondern noch in gleicher Weise auf das darauffolgende Jahr auswirken.

Vorbeugung: Sorgfältig überlegte Standortswahl. Zu schattige und feuchte Standorte möglichst meiden. Gründliche und sorgfältige Vorbereitung des Bodens für die Pflanzung. Die Rosenbestände müssen mittels genügender Durchlüftung immer rasch abtrocknen können.
Frühzeitig, kurz vor der Knospenbildung, muß ein Pflanzenschutz mit geeigneten Präparaten vorgenommen werden. Die Spritzarbeit muß so exakt durchgeführt werden, daß sämtliche Pflanzenteile, vor allem auch die Unterseite der Blätter, und bei Blattfall sogar der Boden, mit der Spritzbrühe behandelt werden.

Bekämpfung: Sie ist bei stärkerem Befall kaum möglich. Sämtliche stark befallenen und am Boden liegenden Blätter müssen eingesammelt und vernichtet werden. Daraufhin in kurzen Intervallen (2–4 Tagen) die Spritzungen wiederholen. Auch der Bodenpflege ist besondere Aufmerksamkeit zu schenken. Immerwährende Pflanzenkontrollen sind unerläßlich.

Sternrußtau am jungen Holz. Das frisch heranwachsende, noch weiche Holz kann ebenfalls von Sternrußtau befallen werden, in Hausgärten wie in Rosenaufzuchtfeldern der Baumschulen. Wenn nicht frühzeitig mit Vorbeugungsspritzungen eingesetzt wird, können auch am Holz selbst verheerende Schäden entstehen. Solches Holz ist beim Frühjahrsschnitt nach Möglichkeit zu entfernen.

Im Baumschulbetrieb hat der Befall des jungen Holzes zudem den Nachteil, daß beim Entblättern der Rosen im Herbst starke Rindenschäden entstehen, wodruch das Holz dann sehr gefährdet ist. Deshalb ist ein möglichst langandauernderPflanzenschutz gegen den Sternrußtau in der Baumschule unerläßlich.

Rosenzweig, von Pilzen der Gruppe »Fungi imperfecti« befallen. Diese etwas rauhe Oberfläche läßt irrtümlicherweise leicht auf Milbenbefall schließen

Unvollständige Pilze (*Fungi imperfecti*)

In dieser Gruppe wird eine Reihe von Organismen zusammengefaßt, von denen vor allem die ungeschlechtlichen Vermehrungsformen bekannt sind.
Es ist dies eine Erscheinung, die bei Rosen immer häufiger vorkommt, vorwiegend bei Miniatur- und Polyantharosen.

Ursache: Ungünstiger Standort an zu warmem Ort, Nähe von Hauswänden und dergleichen, Vernachlässigung des Pflanzenschutzes ab August.

Befall: Es werden vor allem Triebe und Zweige von einjährigem Holz befallen.

Schaden: Diese Pilze, die das Zellgewebe durchwachsen, schwächen das Wachstum, indem der Durchfluß der Assimilate gehemmt wird und die für den Aufbau verloren gehen.

Vorbeugung: Gute Pflanzenkultur und gezielter Pflanzenschutz, auch im Spätsommer.

Bekämpfung: Möglichst sofortiges Herausschneiden der befallenen Pflanzenteile und Vernichtung derselben sowie nachheriger Einsatz mit entsprechenden fungiziden Pflanzenschutzmitteln.

Links: Ast einer Strauchrose, Rosa hugonis, von der Valsakrankheit befallen
Rechts: Im Querschnitt durch einen Trieb, sind die durch die Hyphen zerstörten braunen Teile sichtbar

Valsakrankheit (Triebsterben) (*Valsa cincta, V. persooni* u.a.)

Ursache: Vor allem werden Strauchrosen, die in der Umgebung von Forsythien, Steinobstbäumen stehen, befallen. Die Krankheit kann nur durch Wunden in den Pflanzenkörper eindringen. Die Verbreitung geschieht durch Wind und Regen.

Befall: Es werden vorwiegend einjährige Triebe befallen, seltener zwei- und mehrjährige.

Schaden: Man wird durch das Welken der zarten Triebspitzen und jungen Seitentriebe aufmerksam. Solche befallenen Triebe sind verloren, denn die Organe (Hyphen) durchwachsen das ganze Leitbündelsystem der befallenen Äste, so daß diese eintrocknen.

Verhütung: Bei keiner Schnittarbeit Zapfen stehen lassen, alles düre Holz herausschneiden und größere Wunden mit Baumwundsalbe verschließen, Schneidwerkzeuge desinfizieren.

Bekämpfung: Einzelne welkende Triebe oder Äste unverzüglich bis auf das vollständig gesunde Holz zurückschneiden. Dieses kranke Holz muß verbrannt werden.

Vom Rosenmosaik (Viruskrankheit) befallenes Rosenblatt

Viruskrankheiten

Viruskrankheiten sind Infektionskrankheiten, die nicht durch Vorhandensein von erkennbaren Organismen hervorgerufen werden. Elektronenmikroskopisch lassen sich die Viren als Würfel, Stäbchen, Kügelchen und ähnliche Formen wahrnehmen. Die Vermehrung der Viren geht auf Kosten der Zellsubstanzen. Die Symptome einer Virusinfektion sind sehr verschieden.

1. Allgemeine Wachstumsschwäche, Verminderung oder Verunmöglichung der Blütenbildung.
2. Störung in der Entwicklung der Chloroplasten (Blattgrün), die an den Blättern als Chlorose oder Mosaikflecken erkennbar sind.

Übertragung erfolgt nicht einheitlich.

1. Durch die Hände, Kleider, Schneidewerkzeuge, Geräte usw.
2. Insekten aller Arten (Blattläuse, Zikaden usw.)

Vorbeugung: Bei der Vermehrung der Rosen, vor allem bei der Okulation, alle Vorbeugungsmaßnahmen treffen. *Nur von vollständig virusfreien Mutterpflanzen Edelreiser schneiden.* Desinfektion der Messer und Scheren. Bei Pflegearbeiten Verletzungen verhindern.

Bekämpfung: Virusverseuchte Rosenstöcke unverzüglich entfernen und verbrennen!

Schädlinge

Schädlinge haben seit jeher unsere Kulturpflanzen heimgesucht und ihnen Schaden zugefügt. So bleiben auch die Rosen nicht davon verschont.
Sie können die Kulturen verschiedenartig befallen, da sie sich aus vielfältigen Gruppen zusammensetzen.
Nicht alle Insekten, die wir bei den Rosen antreffen, sind Schädlinge, denn die phytopatologischen wichtigsten Tiergruppen werden schädlichen und nützlichen Arten zugeteilt. Deshalb müssen wir uns bei der Feststellung von Insekten an den Kulturpflanzen stets vergewissern, ob es sich wirklich um Schädlinge handelt, was meistens leicht feststellbar ist, da wir eventuelle Schädigungen schon im frühen Anfangsstadium wahrnehmen können und erst dann ist der Einsatz mit entsprechenden Insektiziden am Platz. Natürlich gibt es auch Ausnahmen, bei denen wir gewisse Vorbeugungsmaßnahmen ergreifen können. Obwohl die Erfolgsaussichten eher beschränkt sind, dürfen wir die biologische Seite der Bekämpfung von schädlichen Insekten nie ganz aus dem Auge verlieren, um eine zu extreme Entfaltung gewisser Schädlinge im vorneherein zu unterbinden. Die Entfaltung nützlicher Insekten müssen wir unbedingt zu fördern suchen.
Die klimatischen Verhältnisse, sowie die allgemeinen Kulturpflegemaßnahmen, können die Lebensweise der nützlichen Insekten günstig beeinflussen. Andererseits aber werden bei epidemischem Auftreten der Schädlinge die Nützlinge nicht allein fertig mit ihnen, weshalb der Einsatz chemischer Pflanzenschutzmittel, sogenannter Insektiziden, zwar unerläßlich, aber stets in verantwortbarem Maß zu halten ist.
Es lassen sich auch biologische Präparate einsetzen, wobei jedoch bei invasionsartigem Auftreten von Schädlingen ein ganz besonders großer Aufwand notwendig sein wird. Kurze und exakt eingehaltene Spritzintervalle sind erforderlich, ansonst die Gesunderhaltung der Rosenbestände kaum gesichert werden kann.

Ausgefranste Blütenblätter an Edelrose

Ausgefranste Blütenblätter

Ursache: Dieser Zustand kann durch die Fraßtätigkeit verschiedener Insekten, vor allem dem Ohrwurm (Forficula auricularia) und Käfer verschiedenster Art, an noch fast geschlossenen und sich öffnenden Blüten entstehen. Es sind auch wachstumshemmende Einflüsse, die zu einer solchen Veränderung der Blüten führen. Es kann dies aber auch eine sortenbedingte Eigenschaft sein.

Schaden: Die Blüten sind meist so, daß diese ohne weiteres im Rosenbeet akzeptiert werden können. Sie fallen jedoch durch diese verschieden geformten Blütenblätter besonders auf, aber auch der Zustand der ganzen Rose wirkt auffallend. Der Schaden kann deshalb als tragbar bezeichnet werden.

Vorbeugung: Im Knospenstadium einsetzender Pflanzenschutz mit gründlicher Behandlung der Knospenpartien und für ein gutes allgemeines Wachstum besorgt sein.

Bekämpfung: Um eine stärkere Ausbreitung zu verhindern, ablesen der Insekten am frühen Morgen oder auf ein Tuch abschütteln und vernichten.

Blinder Rosentrieb, verursacht durch Schädlinge

Blinde Rosentriebe als Folge von Schädlingsbefall

Triebenden sind stumpf, absolut kein weiteres Wachstum feststellbar, eine Bildung von Blütenknospen ist ausgeschlossen.

Ursache: Diese Erscheinung wird durch den Befall von Gallmücken, zum Beispiel *Contarinia* (*Cecidomyia*), verschiedentlich verursacht.

Befall: Die Schädlinge treten vorwiegend im Mai bis Juli auf. Die Mücken stechen die zarte Triebspitze an und legen Eier in diese. Nach wenigen Tagen schlüpfen die Larven aus.

Schaden: Die befallenen Triebe sind nutzlos, weil sie keine Rosen mehr bilden können. Durch diese Wachstumshemmung treiben die untenstehenden Augen aus, die meist über ein ungenügendes Wachstum verfügen.

Vorbeugung: Frühzeitiger Einsatz mit Insektiziden und gründliche Behandlung der Triebenden.

Bekämpfung: Dies ist möglich durch sofortigen Rückschnitt solcher Triebe bis auf gut entwickelte Augen, in der Regel zusammen mit zwei Laubblättern.

Rosenblatt mit Gallen durch Blattgallwespe hervorgerufen

Blattgallwespe (*Rhodites [Diplolepis] eglanteriae*)

In den auf den Blättern sitzenden Gallen halten sich die kleinen, gelblichen bis leicht orangefarbenen Larven auf. Die Eier werden durch die Gallwespen auf die Einzelblättchen (Fiederblätter) gelegt, wo sich dann bald Gallen bilden.

Ursache: Ihr Auftreten ist meist sporadisch. Nach Jahren des Fehlens kann plötzlich starker Befall festgestellt werden, der uns regelrecht beängstigen kann.

Befall: Die Blattgallwespe befällt vor allem Wildrosen. Gefährlich ist ihr Erscheinen in den Unterlagskulturen, die zur Okulation vorgesehen sind. Sie befällt vorwiegend die Blätter der Rosen, kann aber auch an anderen Pflanzenteilen auftreten.

Schaden: Bei starkem Auftreten kann beachtlicher Schaden entstehen, da durch die Gallen die Assimilationstätigkeit der Laubblätter stark gehemmt wird. Finden sich mehrere Gallen auf ein und demselben Blatt, so fällt es ab.

Vorbeugung: Regelmäßige Beet- und Feldkontrollen sind unerläßlich. Gefährdete Pflanzenbestände vorsorglicherweise bis kurz vor der Okulation mit geeigneten Pflanzenschutzmitteln wiederholt behandeln, um die Eiablage zu verhindern.

Bekämpfung: Sichtbare Gallen fortlaufend samt den Blättern einsammeln und verbrennen, um eine Verpuppung der Larven zu verunmöglichen.

Schaden, verursacht durch den Blütenstecher

Blütenstecher (*Anthonomus rubi*)

Der Blütenstecher ist vor allem unter dem Namen Himbeerblütenstecher bekannt, er befällt aber ebenso Rosen, Erdbeeren, Brombeeren und andere Pflanzen. Sein Auftreten kann nur sehr vereinzelt sein, aber plötzlich epidemisch werden, wie zum Beispiel im Frühjahr 1971.
Vor allem werden Strauch-, Kletter- und Polyantharosen befallen.

Ursache: Diese mag erstens in einer ungehemmten Entwicklung während Jahren gelegen haben, dann aber auch durch ideale Überwinterungs- und Entwicklungsperioden, warmes und trockenes Wetter im Frühjahr für den Ausflug der Käfer.

Befall: Das ausgewachsene Insekt ist ein Rüsselkäfer. Das Weibchen legt im Mai nach der Paarung in die geschlossene Blütenknospe nur ein Ei. Da ein Weibchen 20 bis 30 Eier ablegt, werden ebenso viele Knospen zerstört. Mit dem Rüssel schneidet das Insekt den Blütenstiel zur Hälfte durch, damit die Saftzufuhr reduziert wird, wodurch diese Knospen sich nicht mehr öffnen können. Solche am Blütenstiel hängende Knospen fallen meist nach kurzer Zeit ab. Die sich bildende Larve ernährt sich von Staubbeuteln und nach 20 Tagen verpuppt sie sich. Juli/August durchbricht der ausgewachsene Käfer die eingetrocknete Hülle und sucht einen geeigneten Überwinterungsort auf.

Schaden: Durch das Ablegen der Eier in die Blütenknospen und das Einschneiden des Blütenstieles sind die befallenen Blüten vollständig verloren. Bei starkem Auftreten kann dieser Schädling in den Rosenbeständen einen gewaltigen Schaden anrichten.

Vorbeugung: Diese ist nur möglich, wenn frühzeitig mit entsprechenden Insektiziden gründlich gespritzt wird. So wird in der gleichen Behandlung auch gegen den Thrips angekämpft. Verminderung der Überwinterung der Käfer durch das Entfernen des am Boden liegenden Blattwerkes, das für ihn einen beliebten Überwinterungsort bedeutet.

Bekämpfung: Einsammeln der Käfer und direkte Behandlung mit Insektiziden. Leider ist dann der Schaden bereits schon angerichtet, aber wir tragen damit sehr viel bei gegen eine starke Ausbreitung und Übertragung in die folgenden Jahre.

Blattfressende Rüsselkäfer

Grauer Rüsselkäfer (*Peritelus griseus*)
Grüne Rüsselkäfer (*Phyllobius piri, Ph. betulae, Ph. calcavatus*)

Sie alle treten als Blattfresser auf. Bei stärkerem Auftreten können auch bei den Rosen bedeutende Schäden angerichtet werden.
Diese Rüsselkäfer erscheinen im Frühjahr, sobald junge Blätter vorhanden sind und halten sich bis in den Monat Juni nebst in den Rosen auch in verschiedensten anderen Kulturen auf. Sie erscheinen meist in den Nachtstunden. Die Larven können mitunter an den Wurzeln Schaden anrichten.

Bekämpfung: Am besten durch Einsammeln der Käfer während des späten Abends mit Taschenlampenlicht. Zu empfehlen ist evtl. Stäuben mit kombinierten Stäubemitteln.

Durch den Befall des braunen Rosenwicklers veränderter Rosenjungtrieb

Brauner Rosenwickler (*Cacoecia rosana*)

Dieser Schädling darf nicht als ein stark verbreiteter angesehen werden.

Ursache: Sein Auftreten ist vorwiegend auf eine stark verwachsene Umgebung der Rosenbeete zurückzuführen.

Befall: Die ganzen Blätter, oft auch nur Teilblättchen, werden befallen, seltener auch Knospen.

Schaden: Dieser kann bei starkem Befall sehr groß werden, da durch die Fraßtätigkeit und das Einspinnen der Triebenden die Assimilationsfläche wesentlich reduziert wird.

Vorbeugung: Ist kaum möglich.

Bekämpfung: Systematischer Pflanzenschutz. Erste Insektizid-Spritzung frühzeitig durchführen. Am besten kurz nach dem Austrieb; da die Eier des Schädlings an den Rosentrieben überwintern ist somit ein Bekämpfungserfolg am sichersten.

Einstiche am Blütenstiel, verursacht durch die Bürstenhornwespe

Bürstenhornwespe (*Arge rosae*)

Auf diesen Befall werden wir aufmerksam, indem Triebe mit Endknospen verkümmern.

Ursache: Für das sporadische Auftreten, auch in gut gepflegten Anlagen, können nur die für den Schädling günstigen Witterungsverhältnisse schuld sein.

Schaden: Die gelbe Wespe legt mit Hilfe ihrer sägeförmigen Legeröhre mehr als 10 Eier in nebeneinander gebohrte Löcher, in junge, zarte Rosentriebe. Die Stichstellen färben sich bräunlich und die Rosentriebe krümmen sich auf die Einstichseite. Die Larven fressen in der Zeit vom Juli bis September an den Blättern.

Vorbeugung: Eine solche kann nur durch einen zufällig zur rechten Zeit eingesetzten Pflanzenschutz geschehen. Selbstverständlich können systematisch eingesetzte Behandlungen erfolgreich sein.

Bekämpfung: Sobald die Einstiche an den Trieben feststellbar sind, sind diese bis auf den vollständig gesunden Triebteil direkt über einem Blatt wegzuschneiden und zu vernichten.

Fraßschaden, verursacht durch Dickmaulrüßlerkäfer

Dickmaulrüßlerkäfer (*Otiorrhynchus sulcatus* u. a.)

Ursache: Seine Ausbreitung ist meist vereinzelt, er kann aber plötzlich epidemisch auftreten.

Befall: Die Blätter, zarte Triebenden und Knospen werden von den Käfern über Nacht zerfressen.

Schaden: Bei starkem Auftreten können die betroffenen Pflanzen in Mitleidenschaft gezogen werden, so daß das Wachstum stark geschwächt wird, was sich dann auch auf das folgende Jahr nachteilig auswirkt.

Vorbeugung: Zweckmäßigen Pflanzenschutz durchführen, frühzeitig damit beginnen.

Bekämpfung: Gleich wie Vorbeugung, eventuell am späten Abend mit Taschenlampe Käfer ablesen und vernichten (siehe auch die folgende Seite).

Dickmaulrüßlerlarven (*Otiorrhynchus sulcatus* u. a.)

Ursache: Ihr Auftreten ist sporadisch und erscheint vor allem dort, wo dem Pflanzenschutz während der ganzen Wachstumsperiode nicht die nötige Aufmerksamkeit geschenkt wird.

Befall: Ihre Fraßtätigkeit findet an den Wurzeln statt.

Schaden: Dieser kann ziemlich umfangreich sein und bei der befallenen Rosenpflanze ein kümmerliches Wachstum auslösen, sogar vollständiges Eingehen verursachen.

Vorbeugung: Mit regelmäßigem und exakt ausgeführtem Pflanzenschutz dafür sorgen, daß die Käfer nie zur Eiablage kommen.

Bekämpfung der Larven

a) *Biologische Bekämpfung:* Neuere Forschungsergebnisse haben es ermöglicht, daß die Larven des gefürchteten Dickmaulrüßlers durch den Einsatz von Nematoden (*Heterorhabditis heliothidis*) erfolgreich bekämpft werden können. Bevor wir uns zum Einsatz von Nematoden entschließen, sollten wir uns davon überzeugen, daß sich in einem Rosenbeet mit kümmerlichem Wachstum auch wirklich Dickmaulrüßler-Larven aufhalten.
Eine Behandlung findet in unseren klimatischen Verhältnissen Ende September bis Mitte Oktober statt, im Frühjahr des folgenden Jahres ab Ende April bis Anfang Juni.
Bei der Anwendung des Nährmediums mit Nematoden muß der Boden über eine genügende Feuchtigkeit und eine Temperatur von *mindestens* 12 °C verfügen. Eine Behandlung darf nur bei bedecktem Himmel oder abends ausgeführt werden. Die Nematoden-Suspension wird mit der Brause über die zu behandelnden Rosenbeete ausgebracht. Nach jeder Anwendung ist gut zu wässern und drei Tage lang feucht zu halten. Das Nährmedium mit Nematoden ist in Zuchtflaschen in Gartencentern usw. auf vorherige Bestellung erhältlich. Eine Zuchtflasche genügt für die Behandlung von ca. 6–10 m^2 Rosenbeet. Mit jeder Lieferung des Nährmediums mit Nematoden wird eine genaue Gebrauchsanweisung abgegeben.

b) *Chemische Bekämpfung:* Den Boden mit geeigneten Streu- oder Gießmitteln frühzeitig behandeln.

Engerlinge, Larven der Maikäfer (*Melolontha melolontha* und *M. hippocastani*)

Der Maikäfer erscheint alle drei Jahre, Ende April–Mai. Er verursacht bei starkem Auftreten in Obstanlagen, im Laubwald und an Ziersträuchern und Laubbäumen in den Gärten erhebliche Fraßschäden an den Blättern.

Befall: Seine Eier legt er gerne in bodennahe Gewächse, wie Rosen und andere Gartenpflanzen, so auch in Blütenstauden.

Schaden: Die Fraßtätigkeit der Engerlinge richtet beträchtlichen Schaden an. Anfänglich werden nur die zarten, später auch die gröberen Wurzeln angefressen.

Vorbeugung: Durch Schütteln der befallenen Bäume und Sträucher, sowie Einsammeln der Maikäfer am frühen Morgen kann die Eiablage verhindert werden.

Bekämpfung: Im Frühjahr behandelt man den Boden der gefährdeten Kulturen mit einem geeigneten Gieß- oder Streumittel.

Rechts: Leere Eihüllen des Eulenfalters
Links: Eigelege eines Eulenfalters

Eulenraupen (*Noctuidae*)

Diese Eulenraupen umfassen etwa 500 Arten.
Sie befallen die verschiedensten Kultur- und Wildpflanzen.

Ursache: Ihr Auftreten ist vor allem in trockenen und heißen Sommerperioden auffällig, wie zum Beispiel im Sommer 1971.

Befall: Einige Arten befallen neben anderen Zierpflanzen auch die Rosen.

Schaden: Dieser besteht im Zerfressen der Blütenblätter. Die Raupen halten sich ziemlich tief in der geöffneten Rosenblüte auf.

Vorbeugung: In gut gepflegten Rosenbeeten erscheinen sie nur sporadisch und sind mit der allgemein üblichen Anwendung von Insektiziden an ihrer weiteren Ausbreitung zu hindern.

Bekämpfung: Eine direkte Bekämpfung wird nur selten notwendig sein. Das Einsammeln der Raupen am späten Abend bei Licht verhindert weitgehend deren Vermehrung.

Fadenwürmer, Nematoden (Älchen)

Zu der bedeutendsten Gruppe der Fadenwürmer gehören die Älchen, welche sehr artenreich sind. Sehr spezialisiert, befallen sie Blätter, Triebe und Wurzeln.

1. Blattälchen (*Aphelenchoides olesistus* u. a.)

Ursache: Meist werden sie durch verseuchte Pflanzen eingeschleppt. Oft aber können die Älchen sich auch in älteren, vernachlässigten Rosenbeständen einnisten.

Befall: Sie befallen nicht nur die Blätter an den Rosen, sondern oft auch die Kelchblätter, die Blütenknospen und die Weichteile der jungen Triebe.
Befallene Blätter zeigen auf der Blattunterseite eingesunkene, kleine Flecken, welche sich in kurzer Zeit ausbreiten. Später bilden sich auch auf der Blattoberseite ebenfalls schwacheingesunkene, meist dunkelbraune Stellen.
Bei den befallenen Blütenknospen entstehen Verbräunungen, die später zu Fäulnis führen. In diesen Knospen leben meist Älchen in großer Zahl.
Starker Befall kann zu Blattfall führen, zum Eingehen von Knospen, oft sogar von ganzen Pflanzenbeständen.

Vorbeugung: Ordnung ist die beste Vorbeugung. Bei Neuanpflanzung neuen Standort wählen oder totalen Bodenwechsel vornehmen. Gut durchlüfteten Standort wählen. Pflanzenbestände ständig unter Kontrolle halten.

Bekämpfung: Befallene Blätter und Pflanzenteile fortlaufend entfernen und vernichten. In kurzen Abständen von ca. 14 Tagen, mit geeigneten Mitteln, gründlich spritzen, vor allem Blattunterseiten.

Wurzeln einer Rosenpflanze, die von Wurzelälchen (Nematoden) befallen sind

2. Wurzelälchen, Nematoden (*Meloidogyne*)

Ursache: Ihr Auftreten wird vorwiegend bei ungenügendem Fruchtwechsel festgestellt oder durch Beigaben von verseuchter Erde, Kompost usw. sowie durch das Einpflanzen von bereits verseuchten Rosenstöcken.

Befall: Die Wurzelälchen befallen alle Wurzelsysteme.

Schaden: Die von den Wurzelälchen verseuchten Pflanzen zeigen ein unbefriedigendes, kümmerliches Wachstum. Durch die Speichelsekrete dieser Schädlinge wird bei den Rosenwurzeln die Vergrößerung der Zellen angeregt, wodurch die Wurzeln anfänglich unregelmäßige Verdickungen, später Knoten aufweisen. Ein starker Befall kann die Pflanzen zum vollständigen Eingehen zwingen.

Vorbeugung: Größte Vorsicht ist bei der Verwendung von fremden Erdmaterialien und alten Pflanzen geboten. In kümmerlich entwickelte Rosenbestände dürfen keine neuen Rosen gepflanzt werden. Alte und kranke Pflanzen sind immer und unbedingt zu verbrennen oder abzuführen. Man sorge stets für größte Vorsicht in dieser Beziehung.

Bekämpfung: Sie ist mit den tauglichsten chemischen Präparaten nur dort durchführbar, wo die Pflanzen abgeräumt worden sind. In Beeten, die mit Rosen bepflanzt sind, ist sie kaum möglich.

Wildverbiß an jungen Rosentrieben

Fraßschaden, verursacht durch Wild

Rehe und anderes Wild wagen sich immer näher an menschliche Behausungen heran und erfreuen sich an den besonderen Leckerbissen im Hausgarten. Die jungen Rosentriebe und Knospen sind für sie von großer Anziehungskraft.

Schaden: Dieser ist groß, weil durch die aktive Fraßtätigkeit in kurzer Zeit ganze Beete ihrer sämtlichen Knospen und Jungtrieben entledigt werden.

Vorbeugung: In gefährdeten Gebieten, der Nähe von Waldungen, alleinstehenden Häusern usw. muß mit solchen Schäden gerechnet werden. Es sind deshalb Vorbeugungsmaßnahmen zu ergreifen. Diese bestehen in einer genügend hohen Umzäunung des betreffenden Gartenareals oder auch einzelner stark gefährdeter Beete. Elektrische Viehhütezäune haben sich besonders gut bewährt! Durch frühzeitigen Einsatz und regelmäßige Wiederholung mit speziellen Wildverbiß-Präparaten können im voraus solche Schäden verhütet werden.

Behebung des Schadens: Diese besteht im unmittelbaren Zurückschneiden der geschädigten Pflanzenteile. Als Regel gilt das gleiche wie beim Entfernen der verblühten Rosen, das heißt die Edelrosen werden mit zwei vollständig entwickelten Laubblättern und die Polyantha- und Floribundarosen direkt über dem ersten Blatt unter der Dolde zurückgeschnitten. Je rascher wir diesen Rückschnitt vornehmen, umso früher erhalten wir wieder Rosen.

Gartenlaubkäfer bei seiner Fraßtätigkeit; man beachte die entstehenden Blattschädigungen. Bei starkem Befall können ganze Pflanzen kahl gefressen werden

Gartenlaubkäfer (*Phyllopertha horticola*)

Wird auch als kleiner Rosenkäfer bezeichnet und oft mit dem Junikäfer (*Amphimallon solstitiale = Rhizotrogus solstitialis*) verwechselt.

Der Gartenlaubkäfer befällt die Gartenpflanzen und mit Vorliebe auch die Rosen. Im Gegensatz zum Engerling erscheint er jedes Jahr.

Befall: Je nach Landesgegend treten sie Ende Mai bis Ende Juni auf, meist in Schwärmen, auch bei Sonnenschein, während der Junikäfer ihn meidet. Der Gartenlaubkäfer befällt Blätter und auch Knospen.

Schaden: Beim Auftreten großer Schwärme kann bedeutender Schaden entstehen, er kann eine ganze Blüteperiode in Frage stellen.
Der Fraßschaden an den Blättern hemmt das allgemeine Wachstum, sowie die Blütenbildung. Die kleinen, den Engerlingen ähnliche Larven leben an den Weich-Wurzeln der verschiedensten Nutz- und Wildpflanzen, ihr Schaden nimmt aber glücklicherweise nicht das Ausmaß des von den Engerlingen angerichteten an.

Vorbeugung: Weitmöglichste Verhinderung der Eiablage, sowie regelmäßige Kontrolle der Rosenbestände und sorgfältige Kulturpflege, gelten als sicherste Vorbeugung.

Bekämpfung: Sie besteht im Ablesen und Einsammeln der Käfer, sowie auch in einem umsichtigen Pflanzenschutz mit geeigneten Präparaten. Sehr gut bewähren sich sogenannte kombinierte Stäubepräparate. Nach starkem Auftreten der Käfer muß auch der Boden mit geeigneten Gieß- oder Streumitteln behandelt werden.

Links Rosentrieb mit Blattlaus-Eigelege, rechts Rosentrieb und Knospen befallen von der Grünen Blattlaus

Grüne Blattlaus (*Macrosiphon rosae*)

Die Blattlausarten sind auf verschiedene Pflanzenarten spezialisiert, weshalb wir an den einzelnen Pflanzenarten meist nur dieselbe Läuseart antreffen. Vorwiegend überwintern die Blattläuse als glänzend schwarze, harte Eier an Zweigen und Trieben. Nur vereinzelt überwintern die Läuse an versteckten Stellen am Rosenholz.

Ursache: Warme und trockene Witterung, vor allem im Frühjahr und Vorsommer. Auch entsprechend heiße Lagen, mit für die Läuse günstigen Nebenwirten, wie Karde (*Dipsacus sylvestris, Dipsacus sativus*), Baldrian (*Valeriana officinalis* und andere).

Befall: Vorwiegend die jungen und zarten Pflanzenteile, Blätter, Endtriebe und Knospen.

Schaden: Hemmung des Wachstums, Verkrüppelung von Blättern, Trieben und Knospen.

Vorbeugung: Wahl geeigneten Standortes (freie, stets leicht durchlüftete Lage). Entfernen vorhandener Blattlaus-Eigelege.

Bekämpfung: Bei der ersten Feststellung von Blattläusen sofortige Behandlung mit geeigneten Präparaten, gründliches Abwaschen sämtlicher Pflanzenteile.

Links: Larve der Hagenbuttenfliege beim Durchbrechen der Frucht. Die helle Stelle mit dunklem Punkt, bei der Frucht rechts, gibt den Befall an

Hagebuttenfliege (*Zonosema [Spilographa] alternata*)

Dieser Schädling ist vor allem bei größeren Beständen von Hagebutten tragenden Strauchrosen anzutreffen. Häufig erscheint in seiner Begleitung auch der Hagebuttenwickler (*Grapholitha roseticolana*).

Befall: Sie legt in die noch unreifen Früchte ihre Eier ab. Ihre Larve ernährt sich vom Fruchtfleisch. Die noch weichen Samen werden nur selten angefressen. Im September verläßt sie die Früchte und verpuppt sich im Boden.

Schaden: Die Früchte bleiben bei frühem Befall im Wachstum zurück und werden notreif. Befallene Hagebutten werden oft fleckig und beginnen dort gerne in Fäulnis überzugehen.

Vorbeugung: Bei systematischer Anwendung von Insektiziden kann das Aufkommen fast vollständig verhindert werden.

Bekämpfung: Diese ist beinahe ausgeschlossen. Frühzeitiges Entfernen der als befallen erkennbaren Früchte, um ein Verpuppen der Larven zu verhindern.

Rosentrieb einer Strauchrose, von der Himbeergallwespe befallen. In diesem Knoten befinden sich die Larven

Holzschaden, verursacht durch die Himbeergallwespe (*Lasioptera rubi*)

Ein Schädling, der vorwiegend bei den Kletterrosen auftritt.

Ursache: Nach Beobachtungen erscheint die Himbeergallwespe vornehmlich in Gebieten, in denen die Himbeerkulturen ein gewisses Ausmaß besitzen und dem Pflanzenschutz ungenügende Aufmerksamkeit geschenkt wird.

Schaden: An den befallenen Trieben zeigen sich Anschwellungen gallenähnlicher Gebilde, die durch die Fraßtätigkeit der Gallwespe verursacht werden. Die über den Schadenstellen stehenden Triebteile können eingehen.

Vorbeugung: Die Rosenbestände gut pflegen. Es muß jede Gelegenheit zur Vermehrung des Schädlings verhütet werden.

Bekämpfung: Nach der ersten Feststellung sind die befallenen Triebe herauszuschneiden und zu vernichten, bevor die Larven die Gallen zur Verpuppung verlassen haben.

Fraßschäden, verursacht durch den »Kleinen Frostspanner«. Ähnliche Schäden können auch durch die Fraßtätigkeit anderer Raupen entstehen

Kleiner Frostspanner (*Cheimatobia brumata*)

Ursache: Der Kleine Frostspanner tritt gerne dort auf, wo in der näheren Umgebung ungepflegte Obstbäume oder auch Ziergehölze, die botanisch zu den Rosengewächsen gehören, stehen.

Befall: Er kann regelmäßig, aber auch nur sporadisch sein. Da die Räupchen im Frühjahr ihrer Fraßtätigkeit obliegen, werden vorwiegend nur die jungen, meist noch sehr zarten Blätter befallen. Es können alle Rosenklassen von ihm heimgesucht werden.

Schaden: Sein erstes Auftreten ist feststellbar, wenn an den Blatträndern unregelmäßige Einbuchtungen ausgefressen sind (Schartenfraß). Es kann auch Lochfraß in der Blattfläche festgestellt werden. Bei starkem Auftreten entsteht beträchtlicher Schaden, der einen Rosenbestand in seiner Entwicklung sehr in Rückstand versetzt und nur noch kümmerliche Rosen hervorzubringen vermag.

Vorbeugung: Die Rosenbestände sowie die Nachbarpflanzen immer gut pflegen. Vorbeugender Pflanzenschutz.

Bekämpfung: Bei der ersten Schadenfeststellung unverzüglich mit einem Insektizid gegen fressende Insekten behandeln. Die Arbeit des Pflanzenschutzes muß exakt ausgeführt werden.

Fraßschaden, verursacht durch die Laubheuschrecke

Laubheuschrecke (*Leptophyes punctatissima*)

Ursache: Die Laubheuschrecke kann ganz sporadisch auftreten. Einmal erscheint sie bei längeren Schönwetterperioden in den Sommermonaten. Nachbarpflanzen können ihr Auftreten ebenfalls begünstigen, da sie sich an den verschiedensten Pflanzenarten ernähren.

Schaden: Dieser kann auch nur durch wenige Tiere gelegentlich bedeutend sein. Es werden die Laubblätter und vor allem die Blütenknospen aller Rosenarten durch ihre Fraßtätigkeit geschädigt. Aus den befressenen Blütenknospen können sich keine einwandfreien Rosen mehr bilden.

Vorbeugung: Systematische Pflege der Rosenbestände sowie dafür zu sorgen, daß auch die Umgebung der Rosenbeete gut gepflegt wird.

Bekämpfung: Diese ist erfolgreich, wenn der gesamte Rosenbestand in einem Garten einem systematischen Pflanzenschutz unterzogen wird, wobei hierzu vor allem der Abend gewählt wird.

Durch die Larven der Miniermotte unterminierte Rosenblätter

Miniermotte (*Nepticula anomalella, Nepticula centifoliella* u. a.)

Ursache: Betreffend des Auftretens können keine spezifischen Angaben gemacht werden. Das für uns scheinbar plötzliche Erscheinen dieses Schädlings steht mit seiner sukzessiven Entfaltung im Zusammenhang, wobei uns die ersten Schädigungen nicht auffallen und wir erst bei stärkerem Befall darauf aufmerksam werden. Standorte in der Nähe üppingen Strauchwuchses scheinen für ihn günstig zu sein.

Befall: Vorwiegend werden die ausgewachsenen Blätter heimgesucht. Die Fraßgänge sind auf der Blattoberseite gut sichtbar.

Schaden: Die durch diese Mottenlarven unterminierten Blätter haben für die betreffenden Pflanzen keinen großen Wert mehr. Diese fallen auch vorzeitig ab.

Vorbeugung: Auch die Umgebung der Rosenbestände gut pflegen.

Bekämpfung: Befallene Blätter frühzeitig entfernen und vernichten. Regelmäßiger Pflanzenschutz mit geeigneten Insektiziden.

Schaden, verursacht durch den Ohrwurm an Triebenden

Ohrwurm (*Forficula auricularia*)

Es ist dies ein Schädling, welcher in einem Garten oder auch bei Feldkulturen plötzlich verheerenden Schaden anrichten kann.

Ursache: Standort der Pflanzen, Witterungsumstände usw. können seine Entfaltung begünstigen.

Schaden: Dieser kann bei starkem Auftreten ganz bedeutend sein. Vor allem sind die jungen, zarten Nebenblättchen, Blätter und die noch ganz feinen Knospen die Opfer des Ohrwurmes. Tritt ein Befall im fortgeschrittenen Stadium der Rosen ein, dann ist der Schaden geringer.

Vorbeugung: In der Nähe der Rosen kein Unkraut aufkommen lassen, ebenso keinen ungepflegten Wieswachs in der Nähe halten, sowie systematischer Einsatz von entsprechenden Insektiziden.

Bekämpfung: Ablesen oder Ausschütteln und Einsammeln der Ohrwürmer am frühen Morgen oder späten Abend, sofortige Anwendung geeigneter Pflanzenschutzmittel.

Links: Okuliermaden hinter der Rinde eines Wurzelhalses (rote Larven)
Rechts: Eingesetztes Edelauge bei Rosenhochstamm samt Unterlagenteil zugrunde gerichtet durch die Okuliermade

Okuliermade (*Clinodiplosis oculiperda*)

Dieser früher in den Rosenzuchtfeldern sowie in den Liebhabergärten stark verbreitete Schädling ist heute infolge des systematisch durchgeführten Pflanzenschutzes seltener geworden. Er kann jedoch in Anzuchtfeldern plötzlich wieder invasionsartig auftreten, wie dies im Jahre 1973 so augenfällig war.

Ursache: Infolge des mechanischen Eingriffs bei der Okulation tritt ein leichter Saftverlust ein, wodurch das Insekt angezogen wird. Sein natürliches Auftreten fällt in die Zeit zwischen Anfang Juli bis Mitte September.

Befall: Es werden mit Vorliebe die frisch okulierten Rosen befallen. Die Eier werden von der weiblichen Mücke in der Regel auf den Rindenlappen des Okulierauges gelegt. Die ausschlüpfenden roten 2–2,5 mm langen Larven dringen in die Wunde zwischen Unterlage und eingesetztem Edelauge ein und halten sich unter dem sogenannten Schildchen auf. Oft können im Mark der Unterlage ebenfalls Larven gefunden werden. Sie leben auch in anderen verletzten Pflanzenteilen der Rose. Wenn man früher glaubte annehmen zu dürfen, daß vor allem Hochstammrosen von der Okuliermade befallen würden, so muß man nach neuesten Beobachtungen feststellen, daß vorwiegend die Buschrosen am stärksten von ihr heimgesucht werden.

Schaden: Die Made ernährt sich von den durch die Pflanze zu Verheilungszwecken ausgeschiedenen Säften. Das Anwachsen des eingelegten Edelauges wird so verunmöglicht. Die Überwinterung der Larven erfolgt in der Erde.
Der Schaden kann so groß sein, daß nicht nur das Edelauge, sondern auch das Holz der Unterlage eintrocknet. Der durch die Okuliermade angerichtete Schaden ist erkennbar am Braun- bis Schwarzwerden des Okulierauges.

Vorbeugung: Durch frühzeitige und wiederholte Behandlung der Wildrosenquartiere, bis zur Zeit der Okulation, mit geeigneten Insektiziden, können die Mücken an ihrer Eiablage gehindert werden.
Ebenso ist nach der Okulation, vor dem Anhäufeln, noch eine Behandlung empfehlenswert. Man verwende geeignete, die Eiablage verhindernde Verbindematerialien (Kunststoff!), Anhäufeln der frisch veredelten Rosenbestände. Bei Stammrosen die Veredlungsstelle nach dem Verbinden mit leicht verstreichbarem Baumwachs bestreichen. Pflanzenschutz ist aber trotzdem noch notwendig.
Die für die Pflanzung der Rosenunterlagen (Wildlinge) vorgesehenen Felder müssen unbedingt im Herbst gepflügt werden. Felder, welche begrast oder mit Gehölzen bepflanzt waren, sind nach Möglichkeit für die Zwecke der Rosenvermehrung zu meiden, oder aber es sind entsprechende Vorbeugungsmaßnahmen notwendig, wie z. B. Ausbringen von Kalkstickstoff usw. im Februar.
Im Hausgarten, wo Rosen okuliert werden, sind ebenfalls Schutzmaßnahmen notwendig. Wo nur wenige Pflanzen veredelt werden, empfiehlt es sich, jede Veredlungsstelle mit Baumwachs zu bestreichen und nachher mit einem kombinierten Stäubepräparat zu behandeln.

Bekämpfung: Sie vermag kaum Erfolg zu bringen, da wir das Vorhandensein meistens zu spät wahrnehmen, und der Schaden dann schon ziemlich stark vorangeschritten ist. Nur eine gründliche Waschung der Okulationsstelle mit einer wirksamen Insektizidbrühe kann noch zu einer Schadeneindämmung verhelfen.

Viele Rapsglanzkäfer obliegen der Fraßtätigkeit an den Staub- und Fruchtblättern

Rapsglanzkäfer (*Meligethes aeneus*)

Sein Auftreten in den Rosenbeständen darf als eher selten bezeichnet werden. Und doch kann er plötzlich in verheerendem Maße erscheinen.

Ursache: Dies mag vorwiegend in der Verschiebung der Entwicklungsphase des Käfers liegen, indem seine in der Regel von ihm heimgesuchten Pflanzen über das sonst übliche Entwicklungsstadium hinausgewachsen sind und er so gezwungen wird, seine Nahrung anderswo zu suchen.

Befall: Sie befallen mit Vorliebe die sich öffnenden und vollständig offenen Blüten. Zu Hunderten können sie in einer einzigen Blüte miteinander auftreten.

Schaden: Dieser besteht im Fressen der Staubgefäße und Griffel. Dadurch erleidet das gepflegte Aussehen der Rosenblüten einen Abbruch. Von einem eigentlichen Schaden kann nur dort gesprochen werden, wo wir Rosenfrüchte (Hagebutten) erwarten.

Bekämpfung: Der Rapsglanzkäfer kann leicht mit entsprechenden Insektiziden bekämpft werden. Hierfür dürfen nur *für Bienen ungefährliche* Präparate angewendet werden.

Schadbild der Rosenblattrollwespe

Rosenblattrollwespe (*Blennocampa pusilla*)

Die eigenartige Deformierung der Rosenblätter läßt uns auf diesen Schädling aufmerksam werden.

Ursache: Die Blattrollwespe tritt sporadisch nach einigen Jahren vereinzelten Befalles auf.

Befall: Die bis 5 mm lange Wespe legt ab Mitte Mai in die Ränder der Rosenblätter 1 bis 3 Eier, dann erfolgt das Zusammenrollen derselben. In diesen Blattröhren halten sich die Larven auf, welche diese im Juli verlassen und sich in der Erde verpuppen.

Schaden: Die befallenen Blätter werden stark in Mitleidenschaft gezogen, da sie ihre Assimilationsaufgabe nur noch zu einem kleinen Teil erfüllen können.

Vorbeugung: Ständige Beetkontrolle. Mit wirksamen Insektiziden spritzen bevor sich die Blätter einrollen.

Bekämpfung: Vor Juli sämtliche eingerollten Blätter herausschneiden und verbrennen, um eine Verpuppung der Larven zu verhüten.

Links: Fraßschaden der Rosenblattwespe
Rechts: Die zurückgebliebenen dünnen Blatteilchen der Fraßstellen sind ausgefallen

Rosenblattwespe (*Caliroa aethiops*)

Dieser Schädling kann plötzlich in Erscheinung treten, auch wenn er während Jahren kaum vorhanden war.

Ursache: Sie mag in einer während Jahren ungehemmten Entfaltung in Nachbarsgärten liegen.

Befall: Vorwiegend wird die Oberseite der Blätter befallen. Rosen mit glatten, glänzenden und gekräuselten Blättern werden meist gemieden.

Schaden: Die Larven nagen die Blattoberhaut weg, so daß die darunterliegende Haut zurückbleibt. Die Fraßstellen sind durchsichtig und die beschädigte Haut fällt später aus. Starker Befall kann den Rosen erheblichen Schaden zufügen.

Vorbeugung: Gute allgemeine Pflege des ganzen Rosenbestandes, womöglich auch über den Gartenzaun hinaus. Regelmäßiger Pflanzenschutz.

Bekämpfung: Eine direkte Behandlung mit geeigneten Spritz- und Stäubemitteln. Sie muß unmittelbar nach dem ersten Befall erfolgen und nach kurzem Zeitabstand wiederholt werden.

Links: Die geschlossene Galle der Rosengallwespe
Rechts: Die Galle geöffnet. In den Vertiefungen hielten sich die Larven auf

Rosengallwespe (*Rhodites rosae*)

Hier handelt es sich um einen Schädling, welcher in den Kultur-Rosenbeständen nur selten auftritt. Sein Erscheinen kann vorwiegend bei Wildrosen beobachtet werden.

Ursache: Diese ist nicht genau bekannt. Vor allem ist ihr Auftreten in ungepflegten, verwilderten Beständen am häufigsten wahrnehmbar.

Befall: Die Zweige und Rosentriebe werden von der Gallwespe befallen. In den moosähnlichen Wucherungen leben die Larven der Gallwespe.

Schaden: Die über der Galle befindlichen Triebteile sterben meistens ab.

Vorbeugung: Bei regelmäßig und exakt durchgeführtem Pflanzenschutz mit entsprechenden Insektiziden wird eine Ausbreitung vollständig verhütet.

Bekämpfung: Bei erster Feststellung solcher Gallen (Schlafäpfel) sind diese unverzüglich wegzuschneiden und zu verbrennen, damit keine Verpuppung der Larven möglich wird.

Der grüne Rosenkäfer bei seiner Fraßtätigkeit

Rosenkäfer (*Cetonia aurata, Oxythyrea funesta* u. a.)

Ursache: Sie treten sehr sporadisch auf und erscheinen nicht regelmäßig. Ihr Aufkommen ist vor allem dort häufig, wo in der Umgebung der Rosenbestände sich viele Sträucher befinden und ungenügend gepflegt werden.

Befall: Es werden vorwiegend die Knospen und offenen Blüten befallen.

Schaden: Dieser entsteht hauptsächlich an den Staub- und Fruchtblättern, auch an den Blütenblättern und an den Knospen. Stark befallene Blüten sind zerfressen und zerwühlt.

Vorbeugung: Ordnung und gute Pflege der Rosenanlage.

Bekämpfung: Ablesen der Käfer zur Zeit der Flugunfähigkeit (früher Morgen). Frühzeitig eingesetzter Pflanzenschutz, wozu sich auch Stäubemittel gut eignen.

Die Larve des abwärtsbohrenden Röhrenwurms auf dem Weg zur Überwinterung im Boden

Rosentriebbohrer (Röhrenwurm) (*Ardis brunniventris* und *Monophadnus elongatus*)

Wir unterscheiden einen abwärts- und einen aufwärtsbohrenden Triebbohrer. Vorwiegend werden Remontant-, Tee- und Teehybrid-Rosen davon befallen.

Ursache: Ein Schädling, der plötzlich auftreten kann, ohne daß man in früheren Jahren irgendein Symptom feststellen konnte, welches auf das Vorhandensein dieses Schädlings hätte schließen lassen.

Befall: Es werden die Rosentriebe und Blattstiele befallen. Das Weibchen des *abwärtsbohrenden* Triebbohrers legt die Eier einzeln in die Spitzen der jungen Triebe, die ausschlüpfenden Larven bohren sich sofort von oben in den Trieb ein.
Die *aufwärtsbohrenden* Triebbohrer legen die Eier ganz nahe an der Blattanwuchsstelle in die Blattstiele. Die ausschlüpfenden Larven fressen sich seitlich in den betreffenden Trieb und bohren sich im Mark aufwärts. Die Larve ist 1 bis 1,5 cm lang (Afterraupe).

Schaden: Der Schaden kann verheerende Ausmaße erreichen. Die befallenen Triebe erkennt man am Welken der Triebenden. Einzelne Triebe, aber auch ganze Rosenstöcke, können eingehen.

Vorbeugung: Jegliche Verpuppung der Larven ist zu verhüten durch Behandlung der gefährdeten Pflanzenbestände mit entsprechenden Insektiziden in Abständen von etwa

Durch Schlupfwespen parasitierte Larven des Triebbohrers

Schlupfwespen als Helfer bei der Bekämpfung von Triebbohrern

Schlupfwespen (*Ophion, Ichneumon* u. a.) spielen bei der Bestandesregulierung zahlreicher schädlicher Schmetterlinge und Larven eine nicht zu unterschätzende Rolle. Die Schlupfwespen legen ihre Eier in das ausgewählte Wirttier. Die aus den abgelegten Eiern entwickelten Larven ernähren sich von ihrem Wirt, sodaß dieser abstirbt. Wiederholt können wir in der Praxis der Rosenpflege, vor allem bei der Schnittarbeit, (an offenem, vom Triebbohrer, befallenen Holz) Larven feststellen, die durch Schlupfwespen parasitiert sind. Sie gehen dann an ihrem Schadort ein, wodurch eine Weiterentwicklung verunmöglicht wird.

Fortsetzung des Textes von Seite 150 (Rosentriebbohrer)

14 Tagen. Beim Frühjahrsschnitt sind sämtliche Schnittstellen mit Wundverschlußpaste zu verschließen.

Bekämpfung: Betroffene Triebe bei der ersten Wahrnehmung eines Befalles bis ins gesunde Holz zurückschneiden und verbrennen, die Wundstellen sofort mit Wundpräparaten, wie z. B. Baumwachs, verschließen. Mit dem Pflanzenschutz nicht nachlassen. Nur wenn man die Bekämpfungsmaßnahmen gründlich und lückenlos durchführt, kann man die Kulturen von diesem lästigen Schädling wieder befreien.

Durch den Rosenwickler zusammengewickeltes Blatt, darin die Larve des Wicklers

Rosenwickler (Gartenrosenwickler) (*Teras forskaleana*)

Ursache: Nachdem im Vorjahr eine leichte Ausbreitung möglich war, kann er plötzlich epidemisch auftreten.

Befall: Die Blätter und auch die Blütenblätter werden von den Räupchen es Wicklers befallen.

Schaden: Die Räupchen fressen an den Blättern und Blütenblättern, später spinnen sie die Blätter zusammen und die Larven verpuppen sich in den eingeschlossenen Blättern.

Vorbeugung: Exakt durchgeführter Pflanzenschutz durch Einsatz geeigneter Präparate.

Bekämpfung: Starke Gespinste wegschneiden und vernichten sowie mit Insektiziden spritzen.

Rosenzikaden auf der Blattunterseite, ihrer Saugtätigkeit obliegend

Rosenzikade (*Typhlocyba rosae*)

Ursache: Vorwiegend Rosen, die an geschützten Hauswänden stehen, werden von den Zikaden heimgesucht.

Befall: Besonders die Blätter, aber auch die Knospen können befallen werden.

Schaden: Die Oberseite der Blätter erhalten eine gelbe bis weiße Besprenkelung, die Knospen werden verkrüppelt und können sich nicht mehr voll entwickeln.

Vorbeugung: Winterspritzung ist unterlässlich!

Bekämpfung: Sofort nach Austrieb sind bei gefährdeten Kulturen Insektizidbehandlungen notwendig, die zu wiederholen sind.

Rosenzweig mit Schaumzikadenbefall (weißer Schaum)

Schaumzikade (*Philaenus spumarius*)

Ursache: Eine genaue Ursache ihres Auftretens kann nicht angegeben werden. Am häufigsten tritt sie in der Nähe von Wiesen und bei dicht verwachsenen Kleingehölzen auf. Vor allem ist ihr Auftreten in voralpinen und alpinen Regionen sehr häufig.

Befall: Die grüngelben bis grünlichweißen, schwarzäugigen Larven saugen im Frühling an den noch krautigen Stengeln der Rosen und anderer Gehölze, Gräser und Kräuter. Die Larven verhüllen sich in eine schaumähnliche Masse, wodurch sie sich verraten!

Schaden: Im Juni, Juli, je nach Gegend auch später, ist die Saugtätigkeit der ausgewachsenen Zikaden am größten und der Schaden auch am augenfälligsten. Die von Zikaden befallenen Triebspitzen und Knospen werden stark gekräuselt; das Schadenbild ist jenem der Blattwanzen sehr ähnlich. Bei befallenen Pflanzenteilen ist ein normales Weiterwachsen kaum möglich.

Vorbeugung: Ihr Auftreten ist selten in Kulturen, die eine regelmäßige und exakte Pflege erhalten. Da die Eier zur Überwinterung in die Rinden, Ritzen oder sonstigen Unebenheiten an den Trieben abgelegt werden, ist eine Winterbespritzung der Rosen (Nov./Dez.) empfehlenswert.

Bekämpfung: Mit einem kräftigen Strahl ist eine bewährte Insektizidbrühe in den »Zikadenschaum« zu spritzen; der Erfolg ist bei exakter Arbeit immer sicher.

Einjährige und vorjährige Rosentriebe, von der Schildlaus befallen. Jungtiere und Schilder der Muttertiere

Schildläuse (*Eulecanium corni, Aulacaspis rosae*)

Ursache: Ihr Auftreten ist meist auf trockenen Standort zurückzuführen, welcher von ihnen bevorzugt wird. Vor allem die Rosen in Hauswandrabatten stehend und insbesondere Kletterrosen sind die Opfer dieses Schädlings.

Befall: Vorwiegend werden die ein- und zweijährigen Triebe und Zweige, aber auch die Blätter befallen. Diese Läuse ernähren sich ebenfalls vom Saft der Wirtpflanzen.

Schaden: Dieser kann bei starkem Befall beträchtlich sein, indem er die befallenen Pflanzen schwächt und zudem die Rußstaubbildung begünstigt. Der Schildlaus-Befall kann die Pflanzen bis zum Eingehen zwingen.

Vorbeugung: Meidung extrem heißer und trockener Standorte. Gute allgemeine Kulturpflege, vor allem in Hauswandrabatten genügende Wässerung und regelmäßiger Pflanzenschutz.

Bekämpfung: Im noch ruhenden Zustand, vor dem Austrieb entsprechend geeignete Mittel verwenden. Gefährdete Anlagen oder Einzelpflanzen während der Vegetationszeit beim Einsatz von Pflanzenschutzmitteln, vor allem die Blattunterseiten gründlich behandeln.

Von der Roten Spinne befallene Blätter.
Links: Blattoberseite
Rechts: Blattunterseite

Spinnmilben (Rote Spinne) (*Tetranychus urticae* u. a.)

Dieser Rosenschädling muß als der bedeutendste in den Rosenbeständen der Hausgärten angesehen werden.

Ursache: Die Spinnmilben halten sich vorwiegend in Beständen auf, die an heißen und trockenen Standorten stehen. Polyantha- und Floribundarosen sind am anfälligsten.

Befall: Es werden hauptsächlich die Blätter befallen. Das Insekt lebt auf der Blattunterseite.

Schaden: Durch enorme Saugtätigkeit werden die Blätter so stark in Mitleidenschaft gezogen, bis diese vorzeitig abfallen.

Vorbeugung: Extrem heiße, sonnige Lagen meiden. Frühzeitig mit geeigneten Insektiziden spritzen. Vorteilhaft ist es, die Wirksubstanzen der Präparate oft zu wechseln, um die Bildung der Resistenz der Spinnmilben gegen die Präparate zu verhindern.

Bekämpfung: Eine solche ist bei starkem Befall kaum noch möglich.

Blattschäden, durch die Tapezierbiene verursacht

Tapezierbiene, Blattschneider (*Megachile centuncularis*)

Ursache: Der Standort der Rosen kann das Aufkommen der Tapezierbiene begünstigen. Es sind dies gerne Hauswandrabatten, die Nähe von stark verwachsenen Sträucher- und Baumgruppen.

Befall: Die vollständig entwickelten Blätter werden von den Tapezierbienen heimgesucht und Teile davon herausgeschnitten, die sie für ihren Nestbau benötigen.

Schaden: Dieser kann nur dann ins Gewicht fallen, wenn an den befallenen Rosenstöcken die Blattflächen stark dezimiert sind.

Vorbeugung: Richtige Standortwahl treffen. Rosenbestände gut pflegen.

Bekämpfung: Spritzmittel einsetzen, welche eine erfolgreiche Wirkung auf fressende Insekten haben.

Sich öffnende Rosenknospe, jedoch durch den Thrips-Befall am vollständigen Öffnen gehindert

Thrips (Blasenfuß) (*Thrips fuscipennis* u. a.)

Ursache: Ungünstiger Standort, eher trockene Lage, die Nähe von Wegen-, Asphalt- und Plattenplätzen begünstigen sein Auftreten. Es sind häufig die Randpflanzungen, bei denen der Thrips auftritt. Nicht alle Sorten sind gleich stark anfällig.

Befall: Blätter und Blütenknospen werden von ihm befallen.

Schaden: Die Blätter weisen auf der Oberseite Flecken auf, oft auch eine silbrige Besprenkelung. Die befallenen Blütenknospen verkrüppeln und öffnen sich nur sehr mühsam. Es können ganze Beete großen Schaden nehmen und ein ganzer Flor kann vernichtet werden.

Vorbeugung: Im Mai/Juni, besonders in warmen Lagen und bei trockener Witterung, frühzeitig mit einem geeigneten Insektizid spritzen, wobei auch die Knospenpartien gründlich zu behandeln sind.

Bekämpfung: Ist der Befall schon feststellbar, dann gilt es, sämtliche verkrüppelten Knospen und Blüten herauszuschneiden und dann sofort eine Spritzung vorzunehmen.

Fraßschaden, entstanden durch die Tätigkeit der weißgegürtelten Rosensägewespe

Weißgegürtelte Rosensägewespe (*Emphytus cinctus*)

Ursache: Ihr Auftreten ist sehr unterschiedlich, aber vor allem dort in der Ausbreitung begünstigt, wo die Anlagen weniger gepflegt sind und sich in der Umgebung verschiedene Gehölze befinden.

Befall: Die Larven halten sich mit Vorliebe auf der Blattoberseite auf und obliegen dort ihrer Fraßtätigkeit.

Schaden: Die Larven nagen anfänglich Löcher in die Blattspreiten. Später, bei stärkerem Befall, werden die Blätter auch vom Rande her angenagt. Die Fraßstellen weisen meist unregelmäßige Formen auf. Durch die Verminderung der Blattoberfläche werden die befallenen Pflanzen geschwächt.

Vorbeugung: Regelmäßige allgemeine Kulturpflege und ebensolcher Pflanzenschutz sowie beständige Ordnung in den Kulturen und deren Umgebung.

Ein Triebstück, in dem sich zur Verpuppung und Überwinterung die Larve der weißgegürtelten Rosenblatt wespe eingebohrt hat

Bekämpfung: Frühzeitiger und regelmäßiger Einsatz von entsprechenden Pflanzenschutzmitteln. Blätter mit starkem Larvenbelag sind zu entfernen.

Die ausgewachsene Larve begibt sich zur Verpuppung mit Vorliebe ins Mark von Schnittstellen. Es ist deshalb von großer Bedeutung, daß wir bein Rosenschneiden möglichst *keine* Zapfen stehen lassen. Ebenso wichtig ist es, bei dieser Arbeit alle Schnittstellen mit dem Bohrmehl sowie die leeren Löcher, wenn immer möglich, ganz bis auf das gesunde Holz zurückschneiden.

Die sicherste Maßnahme ist das Verschließen der Schnittstellen mit einem Holzwundpräparat (auch Baumwachs). In Lagen, wo der Schädling stark auftritt, ist diese Vorkehrung auch bei allen größeren Schnittwunden beim zweijährigen Holz notwendig. So verhindern wir, daß die Larven zur Verpuppung in das Mark eindringen.

Wurzelschäden durch Wühlmäuse verursacht

Wühlmaus, Schermaus (*Arvicola terrestris*)

Mäuse verschiedenster Arten erscheinen oft als starke Schädlinge in den Feldkulturen und auch in Gärten. Die Wühlmäuse lieben ganz besonders Rosenwurzeln. Sie leben in unterirdischen Gängen, meist in etwa 10–30 cm Tiefe. Durch ihre rasche Fortpflanzung können sie oft zu großer Plage werden.

Ursache: Vor allem ungepflegte, nicht gemähte Wiesen und vernachläßigte Grundstükke werden von den Mäusen besonders gerne heimgesucht. Aber auch von kräftig mit Stroh oder Laub abgedeckten Beeten, in nächster Nähe von Wohnhäusern, werden Mäuse angezogen.

Schaden: Durch an- und abfressen der kräftigen Wurzeln, oft bis hinauf zum Wurzelhals, können ganze Rosenbestände vollständig vernichtet werden.
In Gegenden mit starken Schneeablagerungen, die während längerer Zeit liegen bleiben, kann sogar über Winter starker Schaden entstehen.

Vorbeugung: Wahl von Standorten in gepflegter Umgebung. Jede nur mögliche ungehinderte Vermehrung zu verhindern suchen. Zu beachten ist, daß keine zu hohen Lagen von ungenügend verrottetem Kompost zwischen die Rosen kommen. Denn dieser wird von den Mäusen gerne zu ihrem Aufenthalt benutzt.

Bekämpfung
Fangen mit Fallen: Um hier Erfolg zu haben, braucht es ziemliche Übung. Es werden spezielle Drahtfallen verwendet.

Verwendung von Gaspatronen: Es gibt verschiedene Patronenarten. Man legt sie in die Gänge, um das ganze Gangsystem zu begasen.

Verwendung von Köder: Es sind verschiedene Köder im Handel erhältlich, die sich zur Bekämpfung der Wühlmäuse eignen. Die Erfolgsaussichten sind am besten, wenn der Köder (Körner) gegen Ende des Winters ausgelegt wird; wenn die Wintervorräte bei den Tieren zur Neige gehen, fressen sie auch den Köder.
Die Gebrauchsanweisungen für Gaspatronen und Köder müssen genau befolgt werden.

Aufstellen von Sitzstangen für Mäusebussarde kann in weniger besiedelten Gegenden recht guten Erfolg haben.

Bei der Mäusebekämpfung ist bei sämtlichen Maßnahmen nur dann ein voller Erfolg gesichert, wenn sich auch die Nachbarn an den Aktionen beteiligen.

Literaturverzeichnis

Faes-Staehelin-Bovey
Krankheiten und Schädlinge der Kulturpflanzen
Hallwag AG, Bern
Librairie Payout, Lausanne 1948

Field, Xenia
Book of Roses
Paul Hamlyn, London, New York, 1969

Hollis, Leonard
Collingridge Standard Guides
Roses
Collingridge Books, London 1969

Les plus belles roses au début du XXE siècle
Charles Amat, Paris

Müller, Karl W.
Biologische Grundlagen des gärtnerischen Pflanzenschutzes
Bayrischer Landwirtschaftsverlag
München, Basel, Wien 1967

Pape, Heinrich
Krankheiten und Schädlinge der Zierpflanzen und ihre Bekämpfung
(5. Auflage)
Verlag Paul Parey, Berlin 1964

Woessner, Dietrich
Gartenrosen
Verlag Eugen Ulmer, Stuttgart 1978

Register